Hippocrates'

On Airs, Waters, and Places

and *The Hippocratic Oath*

An Intermediate Greek Reader

Greek text with running vocabulary and commentary

Evan Hayes
and
Stephen Nimis

Hippocrates' *On Airs, Waters, and Places* and *The Hippocratic Oath*: An Intermediate Greek Reader: Greek text with Running Vocabulary and Commentary

First Edition

© 2013 by Evan Hayes and Stephen Nimis

Unless otherwise noted, all images appearing in this edition are in the public domain.

ISBN-10: 0983222851
ISBN-13: 978-0-9832228-5-9

Published by Faenum Publishing, Ltd.
Cover Design: Evan Hayes

Fonts: Gentium (Open Font License)
         GFS Porson (Open Font License)

nimissa@miamioh.edu
hayesee@miamioh.edu

Table of Contents

Introduction ....ix-xii

The Language of *Airs, Waters, and Places* ....xv-xviii

Abbreviations xix

On Airs, Waters, and Places: Text and Commentary 1-101
Grammatical topics:
    Accusative + Infinitive Constructions...4
    The Different Meanings of αὐτός 9
    Agency and Means...11
    Third Declension Nouns...12
    General or Indefinite Clauses...15
    The Different Meanings of ἔχω 16
    -ευ- for -εο- in Present Participles...19
    Superlative and Comparative Adjectives..................................27
    Neuter Adjectives for Abstract Nouns.....................................37
    Result Clauses...50
    Expressions of Specification and Respect.................................55
Special topics:
    Directions in Hippocrates..14
    Hippocrates' Medical Calendar...55-56
    The World of *Airs, Waters, and Places*...............................60-62

The Hippocratic Oath: Text and Commentary 103-108

Medical Glossary 111-115

List of Verbs 117-125

Glossary 127-136

Acknowledgments

The idea for this project grew out of work that we, the authors, did with support from Miami University's Undergraduate Summer Scholars Program, for which we thank Martha Weber and the Office of Advanced Research and Scholarship. The Miami University College of Arts and Science's Dean's Scholar Program allowed us to continue work on the project and for this we are grateful to the Office of the Dean, particularly to Phyllis Callahan and Nancy Arthur for their continued interest and words of encouragement.

Work on the series, of which this volume is a part, was generously funded by the Joanna Jackson Goldman Memorial Prize through the Honors Program at Miami University. We owe a great deal to Carolyn Haynes, and the 2010 Honors & Scholars Program Advisory Committee for their interest and confidence in the project.

The technical aspects of the project were made possible through the invaluable advice and support of Bill Hayes, Christopher Kuo, and Daniel Meyers. The equipment and staff of Miami University's Interactive Language Resource Center were a great help along the way. We are also indebted to the Perseus Project, especially Gregory Crane and Bridget Almas, for their technical help and resources.

We owe a great deal of thanks to Cynthia Klestinec, who first sparked our interest in the history of medicine. We also thank Susan Stephens and Julia Nelson-Hawkins for introducing us to the larger field of medical humanities.

Special thanks are due to Lu Chen for offering her medical knowledge, which was a great help in making sense of this text, and also for her assistance in the creation of the medical glossary included in the appendices.

We also profited greatly from advice and help on the POD process from Geoffrey Steadman. All responsibility for errors, however, rests with the authors themselves.

Catherine A. Shi

medicae, philosophae, amicae

Introduction

The aim of this book is to make Hippocrates' *On Airs, Waters and Places* and the *Hippocratic Oath* accessible to intermediate students of Ancient Greek. The running vocabulary and commentary are meant to provide everything necessary to read each page. The commentary is almost exclusively grammatical, explaining subordinate clauses, unusual verb forms, and dialectic peculiarities. The page by page vocabularies gloss all but the most common words. We have endeavored to make these glossaries as useful as possible without becoming fulsome. A glossary of frequently occurring vocabulary can be found as an appendix in the back, but it is our hope that most readers will not need to use this appendix often. Brief summaries of a number of grammatical and morphological topics are interspersed through the text as well, and there is a list of verbs used by Hippocrates that have unusual forms in an appendix. The principal parts of those verbs are given there rather than in the glossaries. Special topics, such as directions and geography, are also presented briefly, along with a medical glossary.

Hippocrates' *On Airs, Waters and Places* is a great text for intermediate readers. The simple sentence structure makes it easy to read, while its subject matter, the impact of climate on disease and character, is interesting for a number of reasons. The presentation falls roughly into two halves, the first detailing various environmental factors that contribute to specific diseases, the second more ethnographic in its account of the differences between Asians and Europeans as a function of their environment and customs. This latter section dovetails with some of Herodotus' ethnographic accounts and has been sometimes explained in the context of fifth century Greek hostility towards their Persian neighbors. However, as Rosalind Thomas points out, the main divide does not seem to be between Greeks and barbarians as such (the Persians are not mentioned at all), but between the two continents of Asia and Europe; and even this grand scheme plays out only minimally in the text as a whole.[1] For example, the account of the Asian "Longheads" (Μακροκέφαλοι) described in section 14 emphasizes the mutual contributions of *physis* and *nomos*. But the emasculated Scythian men (*Anarieis*) in section 22, who are also mentioned by Herodotus (*Histories* 1. 105; 4.67), are clearly Europeans;[2] and their condition is

---

1. R. Thomas, *Herodotus in Context* (Cambridge: Cambridge University Press, 2000), 75-101.

2. For the class of androgynous *Anarieis* in Herodotus and AWP, see C. Chiasson. "Scythian Androgyny and Environmental Determinism in Herodotus and the Hippocratic περὶ ἀέρων ὑδάτων τόπων. *Syllecta Classica* 12 (2001), 33-73.

given an elaborate explanation that ultimately comes from their habit of riding horses. In any case, negative stereotypes about Asians gave this text a prominent place in discussions of environmental determinism in the early modern period, where similar arguments were used to differentiate and hierarchize races of humans.[3] The multiple "globalizations" of the modern period have repeatedly led to an intensification of interest in the relationship between geography and disease, and of the difference between epidemic and endemic diseases, both central concerns of *AWP*.[4] The intended reader of the first half of *AWP* seems to be the itinerant physician, who must pay attention to such local conditions in making his diagnoses. The ethnographic second half seems to veer from medicine into more tendentious assertions about Asians, assertions that are given a more scientific cast by their juxtaposition with the preceding sections.

The Hippocratic Oath is one of the most famous legacies from antiquity. Deployed in modified form throughout the middle ages, it is the basis for the pledge taken by health professionals today to practice medicine in an ethical way. We include it in this volume because of its long-term historical interest.

On Airs, Waters and Places and *The Oath* are part of the Hippocratic Corpus, a collection of medical writings whose relationship to the historical figure Hippocrates of Kos, the father of medicine (460 BC – 370 BC), is not always clear. *AWP* is associated with the treatise *On the Sacred Disease* in that both reject divine causes for disease in favor of environmental factors. For a close examination of the *Oath's* distinctive language, see the discussion of H. von Stadten, "'The Oath', the oaths, and the Hippocratic Corpus," in *La science médicale antique: Études réunies en l'honneur d Jacques Jouanna*, ed. V. Boudon-Millot, A. Guardasole et C. Magdelaine (Beauchesne: Paris, 2007), 425-66.

---

3. D. McCoskey, *Race: Antiquity and its Legacy* (Oxford: I.B. Tauris, 2012), 46-9; A. Wear, "Place, Health, and Disease: The *Airs, Water, Places* Tradition in early Modern England and North America." *Journal of Medieval and Early Modern Studies* 38:3 (Fall, 2008), 443-65.

4. Frank Barrett, *Disease and Geography: The History of an Idea.* Geographical Monographs 23 (Toronto: Becker, 2000).

How to use this book:

The presentation assumes the reader has a basic acquaintance with Greek grammar. Generally, particles have not been included in the page-by-page glossaries, along with other common nouns and adjectives. If necessary, all of these words can be found in the glossary at the end. Verbs, being a special problem in Greek, have been treated more fully. A simple and more generic dictionary entry is given in the glossary on each page, with a more specific meaning provided in the commentary below if necessary. We have also included a list of verbs with unusual forms and their principal parts as an appendix, which should be useful in identifying the dictionary form of verbs. A good strategy for attacking a text like this is to read a section of the Greek to get as much out of it as possible, then to look at the glossary below for unrecognized vocabulary items, and lastly to consult the commentary. The fuller glossary at the end of the book can be a last resort.

In translating expressions we have sought to provide an English version that reproduces the grammatical relationships as much as possible, producing in many cases awkward expressions (sometimes called "translationese"). Good idiomatic translations are available for this text, but the translations in the commentary are meant to provide explanations of how the Greek works.

The Greek text contained in this volume is based on the Loeb edition of the works of Hippocrates: W. H. S. Jones, *Hippocrates* (Cambridge: Heinemann, 1922), which was made available by the Perseus Project via a Creative Commons License, as is our version. We have made a few minor changes for the sake of readability. This is not a professional edition; for that the reader is referred to the Budé edition of Jacques Jouanna. An excellent general introduction to Hippocrates and all his works can be found in Jacques Jouanna, *Hippocrates*, tr. M.B. DeBevoise (Baltimore: Johns Hopkins University Press, 1999).

An Important Disclaimer:

This volume is a self-published "Print on Demand" (POD) book, and it has not been vetted or edited in the usual way by publishing professionals. There are sure to be some factual and typographical errors in the text, for which we apologize in advance. The volume is also available only through online distributors, since each book is printed only when ordered online. However, this publishing channel and format also account for the low price of the book; and it is a simple matter to make changes to the pdf file when they come to our attention. For this reason, any corrections or suggestions for improvement are welcome and will be addressed as quickly as possible in future versions of the text.

Evan Hayes
hayesee@miamioh.edu

Stephen Nimis
nimissa@miamioh.edu

Evan Hayes is a recent graduate in Classics and Philosophy at Miami University and the 2011 Joanna Jackson Goldman Scholar.

Stephen Nimis is a Professor of Classics at Miami University.

The Language of *Airs, Water, and Places*

The earliest scientific figures in the Greek tradition were from the region that bordered on the great near-eastern civilizations of Anatolia, and they were no doubt stimulated in their thinking by their contact with these advanced cultures. The most important Greek dialect spoken and written in this area was the Ionian, which differs in a number of ways from the closely related dialect of Attic, the dialect of Athens and its environs. While Attic eventually achieved an elevated status because of the cultural importance of Athens and its literary flowering in the fifth century BCE, the Ionic dialect continued to be the preferred dialect of scientific prose. The Greek of the Hippocratic corpus, among which is *Airs, Waters, Places*, is basically Attic Greek, but exhibits a number of Ionic features.

Many features of Ionic Greek present no difficulty at all. In fact, most uncontracted forms look more regular than their Attic equivalents:

Ionic	Attic
φλεγματώδεες	φλεγματώδεις
εὐρέες	εὐρεῖς
θέρεος	θέρους
βραχέος	βραχοῦς
πόλιος	πόλεως
φύσιος	φύσεως
ἑωυτέων	ἑαυτῶν
τῶν ὡρέων	τῶν ὡρῶν
χρέονται	χρῶνται (from χράομαι)
ἐπικαταρρέοντο	ἐπικαταρροῦντο
δοκέουσι	δοκοῦσι
ποιέουσι	ποιοῦσι
οὐρέουσι	οὐροῦσι
οἰδέοντα	οἰδοῦντα
χωρέοντα	χωροῦντα
κέονται	κεῖνται
δοκέοι	δοκοίη (optative)

So also the retention of η where Attic would have an α is easy to spot:

Ionic	Attic
ἰητρικήν	ἰατρικήν
χώρη	χώρᾳ
βορέην	βορέαν
ὥρη	ὥρα
ἡμέρης	ἡμέρας
ἑτέρην	ἑτέραν

The appearance of ου for ο; ων for αυ; and other minor modifications are usually not problems. Here are some examples:

Ionic	Attic
μοῦνος	μόνος
νούσων	νόσων
ἑωυτέων	ἑαυτῶν
τωὐτὸ	ταὐτὸ (=τὸ αὐτό)
εἵνεκα	ἕνεκα
αἰεί	ἀεί
ἐς	εἰς
μέζων	μείζων
καλεύμενα	καλούμενα
σκοπεύμενος	σκοπούμενος

A κ- is regularly substituted for -π in interrogative words:

κῶς	πῶς
ὅκως	ὅπως
ὁκοίη	ὁποίη
ὅκοιος	ὅποιος
κότε	πότε

Note the endings for the dative plural of first and second declensions. *AWP* vacillates between Attic and Ionic forms.

Ionic	Attic
τῆσι μεταβολῆσιν	ταῖς μεταβολαῖς
ἀλλήλοισιν	ἀλλήλοις
ἀνθρώποισιν	ἀνθρώποις
ἁλυκοῖσι καὶ ἀτεράμνοισιν	ἁλυκοῖς καὶ ἀτεράμνοις

Note the declension of third declension nouns like πόλις:

	nom. sing.	*gen. sing.*	*nom. pl.*	*acc. pl.*
Attic	πόλις	πόλεως	πόλεις	πόλεις
Ionic	πόλις	πόλιος	πόλιες	πόλιας
Attic	φύσις	φύσεως	φύσεις	φύσεις
Ionic	φύσις	φύσιος	φύσιες	φύσιας

Note the forms of the present participle of εἰμι:

Ionic	Attic
ἐών	ὤν
ἐόντα	ὄντα
ἐούσης	οὔσης

More common than usual is the use of anastrophe, the placement of a preposition after the noun it governs, with a change of accent on the preposition:

τῶν ὑδάτων πέρι for περὶ τῶν ὑδάτων
Cf. λοιπῶν πέρι; ἑωυτῶν πέρι

Abbreviations

abs.	absolute	nom.	nominative
acc.	accusative	obj.	object
act.	active	opt.	optative
adj.	adjective	part.	participle
adv.	adverb	pas.	passive
ao.	aorist	perf.	perfect
app.	appositive	pl.	plural
cl.	clause	plupf.	pluperfect
comp.	comparative	pred.	predicate
dat.	dative	prep.	preposition
dir. obj.	direct object	pr.	present
epex.	epexegetic	pron.	pronoun
f.	feminine	purp.	purpose
fut.	future	ref.	reference
gen.	genitive *or* general	reflex.	reflexive
impf.	imperfect	rel.	relative
imper.	imperative	sc.	scilicet (*indicates a*
ind. com.	indirect command		*word that must be sup-*
ind. quest.	indirect question		*lied from the context*)
ind. st.	indirect statement	seq.	sequence
indic.	indicative	sg.	singular
ind. obj.	indirect object	subj.	subject *or* subjunctive
inf.	infinitive	superl.	superlative
m.	masculine	temp.	temporal
n.	neuter	voc.	vocative

Ἱπποκράτους

Περι Ἀέρων, Ὑδάτων, Τόπων

Hippocrates'

On Airs, Waters, and Places

ΠΕΡΙ ΑΕΡΩΝ ΥΔΑΤΩΝ ΤΟΠΩΝ

The physician must consider environmental factors when diagnosing diseases in a particular place, and also the mode of life of the inhabitants.

[1.] Ἰητρικὴν ὅστις βούλεται ὀρθῶς ζητεῖν, τάδε χρὴ ποιεῖν: πρῶτον μὲν ἐνθυμεῖσθαι τὰς ὥρας τοῦ ἔτεος, ὅ τι δύναται ἀπεργάζεσθαι ἑκάστη: οὐ γὰρ ἐοίκασιν ἀλλήλοισιν οὐδέν, ἀλλὰ πολὺ διαφέρουσιν αὐταί τε ἐφ᾽ ἑωυτέων καὶ ἐν τῇσι μεταβολῇσιν: ἔπειτα δὲ τὰ πνεύματα τὰ θερμά τε καὶ τὰ ψυχρά: μάλιστα μὲν τὰ κοινὰ πᾶσιν ἀνθρώποισιν, ἔπειτα δὲ καὶ τὰ ἐν ἑκάστῃ χώρῃ ἐπιχώρια ἐόντα. δεῖ δὲ καὶ τῶν ὑδάτων

ἀπεργάζομαι: to work out, produce
βούλομαι: to wish, want
δεῖ: it is necessary
διαφέρω: to differ
δύναμαι: to be able
ἕκαστος, -η, -ον: every, each
ἐνθυμέομαι: to consider, reflect on, ponder
ἔοικα: to seem, be like
ἔπειτα: then, next
ἐπιχώριος, -η, -ον: of a place, native, local
ἔτος, -εος, τό: a year
ζητέω: to seek, pursue
θερμός, -ή, -όν: hot, warm

ἰητρικός, -ή, -όν: of healing, medical
κοινός, -ή, -όν: common, shared in common
μάλιστα: most, especially
μεταβολή, ἡ: a change
ὀρθῶς: rightly, correctly
ὅστις, ἥτις, ὅ τι: whoever
πᾶς, πᾶσα, πᾶν: all, every, whole
ποιέω: to make, do
χρή: it is necessary (+ *inf.*)
χώρα, ἡ: a place, space
ψυχρός, -ή, -όν: cold, chilly
ὥρη, ἡ: a period, time, season

ἰητρικὴν (sc. τέχνην): "the healing art" i.e. medicine
τάδε: "the following things"
ἐνθυμεῖσθαι (sc. χρὴ): pr. inf., "(it is necessary) to consider"
ὅ τι δύναται: "what (each season) is able to" + inf.
ἐοίκασιν: perf. of εἴκω, "they are not the same"
οὐδέν: acc. of resp., "in any way"
πολὺ: acc. of degree, "by much"
ἐφ᾽ ἑωυτέων (=ἑαυτῶν): "by themselves"
ἔπειτα δὲ (sc. χρὴ ἐνθυμεῖσθαι): "next it is necessary to consider"
μάλιστα μὲν ... ἔπειτα δὲ: "especially those ... and next those (other)"
ἀνθρώποισιν: dat. with κοινὰ, "the ones common to all men"
ἐόντα (=ὄντα): n. pl. agreeing with πνεύματα, "the airs *that are*"

3

ἐνθυμεῖσθαι τὰς δυνάμιας· ὥσπερ γὰρ ἐν τῷ στόματι
διαφέρουσι καὶ ἐν τῷ σταθμῷ, οὕτω καὶ ἡ δύναμις διαφέρει
πολὺ ἑκάστου. ὥστε, ἐς πόλιν ἐπειδὰν ἀφίκηταί τις, ἧς

ἀφικνέομαι: to come to, arrive
διαφέρω: to differ
δύναμις, -ιος, ἡ: a power, ability, property
ἕκαστος, -η, -ον: every, each
ἐνθυμέομαι: to consider, reflect on,
    ponder

ἐπειδάν: whenever
σταθμόν, τό: weight
στόμα, -ατος, τό: the mouth
ὥστε: so, therefore

ὥσπερ γὰρ ... οὕτω καὶ: "for just as ... so also"
ἐν τῷ στόματι: "on the mouth," i.e. in taste
ἐν τῷ σταθμῷ: "on the scale," i.e. in weight
ὥστε ... χρὴ: result clause, "so that it is necessary"
ἐπειδὰν ἀφίκηται: ao. subj. of ἀφικνέομαι in gen. temp. clause, "whenever
    someone arrives"
ἧς: rel. pron. with antec. πόλιν gen. after ἄπειρός, "of which he is inexperienced"

Accusative + Infinitive Constructions in AWP

The words εἰκός and ἀναγκή, with or without ἐστι, meaning "it is likely" and "it is necessary," form impersonal constructions that take a complementary infinitive. Other impersonal expressions that take a complementary infinitive are οἷον τε ἐστι, "it is possible," χρή "it is necessary" and δεῖ "it is necessary."

τάδε χρὴ ποιεῖν πρῶτον μὲν ἐνθυμεῖσθαι τὰς ὥρας

it is necessary to do the following things: first (it is necessary) to consider the seasons

If the subject of the infinitive is expressed, it will usually be in the accusative case, like articular infinitives, infinitives in indirect statement, etc.

εἰκὸς γὰρ τοὺς μὲν πλουσίους θύειν πολλὰ τοῖς θεοῖς

it is likely that the rich sacrifice much to the gods

Also common in AWP is for simple predications to take the form of an accusative subject with an infinitive, as though some impersonal construction were understood from the context.

τά τε εἴδεα ἐπὶ τὸ πλῆθος αὐτῶν ἀτονώτερα εἶναι· ἐσθίειν δ' οὐκ ἀγαθοὺς εἶναι οὐδὲ πίνειν

Their physiques are usually flabby; they are not good at eating and drinking.

The use of the infinitive here (instead of τά τε εἴδεα ἐπὶ τὸ πλῆθος αὐτῶν ἀτονώτερα ἐστι· ἐσθίειν δ' οὐκ ἀγαθοὶ εἰσι οὐδὲ πίνειν) may make these expressions seem more abstract, because infinitives are timeless.

ἄπειρός ἐστι, διαφροντίσαι χρὴ τὴν θέσιν αὐτῆς, ὅκως κεῖται
καὶ πρὸς τὰ πνεύματα καὶ πρὸς τὰς ἀνατολὰς τοῦ ἡλίου· οὐ
γὰρ τωὐτὸ δύναται ἥτις πρὸς βορέην κεῖται, καὶ ἥτις πρὸς
νότον, οὐδ' ἥτις πρὸς ἥλιον ἀνίσχοντα, οὐδ' ἥτις πρὸς
δύνοντα. ταῦτα δὲ χρὴ ἐνθυμεῖσθαι ὡς κάλλιστα καὶ τῶν
ὑδάτων πέρι ὡς ἔχουσι, καὶ πότερον ἑλώδεσι χρέονται καὶ
μαλακοῖσιν ἢ σκληροῖσί τε καὶ ἐκ μετεώρων καὶ πετρωδέων,
εἴτε ἁλυκοῖσι καὶ ἀτεράμνοισιν· καὶ τὴν γῆν, πότερον ψιλή τε
καὶ ἄνυδρος ἢ δασεῖα καὶ ἔφυδρος, καὶ εἴτε ἔγκοιλός ἐστι καὶ

ἁλυκός, -ή, -όν: salty, briny
ἀνατολή, ἡ: a rising
ἀνίσχω: to rise up (of the sun)
ἄνυδρος, -ον: waterless, dry
ἄπειρος, -ον: without experience,
   unacquainted
ἀτέραμνος, -ον: unsoftened, harsh
βορέας, -ου, ὁ: the north
γῆ, ἡ: earth
δασύς, -εῖα, -ύ: leafy, wooded
διαφροντίζω: to meditate on, consider
δύναμαι: to be able, capable, strong
   enough
δύνω: to sink, set (of the sun)
ἔγκοιλος, -όν: hollow, sunken
εἴτε...εἴτε: whether...or
ἑλώδης, -ες: marshy

ἐνθυμέομαι: to consider, reflect on,
   ponder
ἔφυδρος, -ον: wet, moist, rainy
θέσις, -ιος, ἡ: a setting, placement
κεῖμαι: to be positioned
μαλακός, -ή, -όν: soft
μετέωρος, -ον: hanging, high
νότος, ὁ: the south
ὅστις, ἥτις, ὅ τι: whoever, whatever
πετρώδης, -ες: rocky, stony
πότερος, -η, -ον: whether
σκληρός, -ή, -όν: hard
χρέομαι: to use
χρή: it is necessary
ψιλός, -ή, -όν: bare, empty
ὡς: so, as, (+ *super.*) as... as possible

διαφροντίσαι: ao. inf., "it is necessary *to consider*"
ὅκως κεῖται: ind. quest. after διαφροντίσαι, "how it is positioned"
τωὐτὸ: crassis for τὸ αὐτό acc. resp., "is powerful in the same way"
ἥτις (sc. πόλις): "whatever city lies"
ὡς κάλλιστα: "as well as possible"
ταῦτα: "these things also," explained by the ind. questions in the next several
   sentences
ὑδάτων πέρι: note the accent on πέρι indicating its object precedes
ὡς ἔχουσι: ind. quest., "how they are disposed"
πότερον χρέονται: ind. quest., "whether they use" + dat.
ἢ σκληροῖσί (sc. ὑδάσι): dat. after χρέονται, "or hard waters"
εἴτε: introd. ind. quest., "whether (they use)"
γῆν: acc. resp., "as for the soil"

5

πνιγηρὴ, εἴτε μετέωρος καὶ ψυχρή: καὶ τὴν δίαιταν τῶν
ἀνθρώπων, ὁκοίῃ ἥδονται, πότερον φιλοπόται καὶ ἀριστηταὶ
καὶ ἀταλαίπωροι, ἢ φιλογυμνασταί τε καὶ φιλόπονοι, καὶ
ἐδωδοὶ καὶ ἄποτοι.

*Knowing these factors will help diagnose endemic diseases. Astronomy and meteorology are
also helpful to the doctor.*

[2.] καὶ ἀπὸ τουτῶν χρὴ ἐνθυμεῖσθαι ἕκαστα. εἰ γὰρ
ταῦτα εἰδείη τις καλῶς, μάλιστα μὲν πάντα, εἰ δὲ μὴ, τά γε
πλεῖστα, οὐκ ἂν αὐτὸν λανθάνοι ἐς πόλιν ἀφικνεόμενον, ἧς ἂν
ἄπειρος ᾖ, οὔτε νοσήματα ἐπιχώρια, οὔτε τῶν κοινῶν ἡ φύσις,
ὁκοίη τίς ἐστιν: ὥστε μὴ ἀπορεῖσθαι ἐν τῇ θεραπείῃ τῶν

ἄπειρος, -ον: without experience of (+ gen.)
ἀπορέω: to be without means, be at a loss
ἄποτος, -ον: not given to drink
ἀριστητής, -οῦ, ὁ: one who eats lunch
ἀταλαίπωρος, -ον: lazy, not given to hard work
ἀφικνέομαι: to come to, arrive
δίαιτα, ἡ: a way of living, lifestyle
ἐδωδός, -όν: eating much
ἕκαστος, -η, -ον: every, each
ἐνθυμέομαι: to consider, reflect on, ponder
ἐπιχώριος, -η, -ον: of a place, native, endemic
ἥδομαι: to enjoy (+ dat.)
θεραπείη, ἡ: a treatment
καλῶς: well

κοινός, -ή, -όν: common, shared
λανθάνω: to escape notice, be unknown
μάλιστα: most, especially
μετέωρος, -ον: raised up, high
νόσημα, -ατος, τό: an illness, disease
οἶδα: to know
ὁκοῖος, -η, -ον: of what sort, what kind
πᾶς, πᾶσα, πᾶν: all, every, whole
πλεῖστος, -η, -ον: most, largest
πνιγηρός, -ή, -όν: choking, stifling (with heat)
πότερος, -η, -ον: whether
φιλογυμναστής, -οῦ, ὁ: one fond of exercise, an athlete
φιλόπονος, -ον: industrious, diligent
φιλοπότης, -ου, ὁ: a lover of drinking
χρή: it is necessary
ψυχρός, -ή, -όν: cold, chill

ὁκοίη: dat. (Att. ὁποίῃ) after ἥδονται, "what sort of lifestyle they enjoy"
ἀριστηταί: those who eat more than one large meal in a day.
εἰ εἰδείη...ἂν λανθάνοι: opt. in fut. less vivid cond., "if someone should know... then it would not escape his notice"
εἰ δὲ μὴ: "if not (all of these things)"
τά γε: "then certainly (most of these things)"
ἂν ᾖ: pres. subj. of εἰμί in rel. clause with ἧς, "a city, *with which he is* unacquainted"
οὔτε νοσήματα .. οὔτε ἡ φύσις: nom. subj. of λανθάνοι
ὥστε μὴ ἀπορεῖσθαι: pr. inf. mid. in purpose clause, "so that he not be at as loss"

νούσων, μηδὲ διαμαρτάνειν, ἃ εἰκός ἐστι γίνεσθαι, ἢν μή τις
ταῦτα πρότερον εἰδὼς προφροντίσῃ περὶ ἑκάστου. τοῦ δὲ
χρόνου προϊόντος καὶ τοῦ ἐνιαυτοῦ, λέγοι ἂν, ὁκόσα τε
νοσήματα μέλλει πάγκοινα τὴν πόλιν κατασχήσειν ἢ θέρεος ἢ
χειμῶνος, ὁκόσα τε ἴδια ἑκάστῳ κίνδυνος γίνεσθαι ἐκ
μεταβολῆς τῆς διαίτης. εἰδὼς γὰρ τῶν ὡρέων τὰς μεταβολὰς
καὶ τῶν ἄστρων τὰς ἐπιτολάς τε καὶ δύσιας, καθότι ἕκαστον
τουτῶν γίνεται, προειδείη ἂν τὸ ἔτος ὁκοῖόν τι μέλλει
γίνεσθαι. οὕτως ἄν τις ἐρευνώμενος καὶ προγινώσκων τοὺς

ἄστρον, τό: a star
δίαιτα, ἡ: a way of living, mode of life
διαμαρτάνω: to go astray, make a mistake
δύσις, -ιος, ἡ: a setting
εἰκός: likely, probable
ἕκαστος, -η, -ον: every, each
ἐνιαυτός, ὁ: a year
ἐπιτολή, ἡ: a rising
ἐρευνάω: to seek, search for
ἔτος, -εος, τό: a year
θέρος, -εος, τό: summer
ἴδιος, -η, -ον: one's own, individual
καθότι: in what manner
κατέχω: to hold fast, occupy, possess
κίνδυνος, ὁ: a danger, risk, hazard
λέγω: to say

μέλλω: to be about to, be going to (+ inf.)
μεταβολή, ἡ: a change, changing
νούσημα, -ατος, τό: a disease, illness
νοῦσος, ἡ: a sickness, disease
οἶδα: to know
ὁκοῖος: of what sort, what kind
πάγκοινος, -ον: common to all, epidemic
προγινώσκω: to know, perceive, learn
προέρχομαι: to go forward, advance
πρόοιδα: to know beforehand
πρότερος, -η, -ον: before, earlier
προφροντίζω: to consider before
χειμών, -ῶνος, ὁ: winter
χρόνος, ὁ: time, season
ὥρη, ἡ: a period, season

ἢν μή προφροντίσῃ: ao. subj. in pr. gen. cond., "if someone does not consider"
εἰδὼς: ao. part., "*having known* these previously"
προϊόντος: pr. part. of προ-έρχομαι in gen. abs., "as the time and the year
   advances"
λέγοι ἂν: pot. opt., "*he could say* what diseases"
κατασχήσειν: fut. inf. of κατα-έχω complementing μέλλω, "about *to take hold*"
θέρεος, χειμῶνος: gen. of time within which, "either in summer or in winter"
ἑκάστῳ: dat. of ref., "the danger *to each*"
γίνεσθαι: pr. inf. explaining κίνδυνος, "danger *to happen*"
εἰδὼς: ao. part. instrumental, "by knowing"
προειδείη ἂν: pot. opt., "*he would know* beforehand"
οὕτως ἂν: anticipating the pot. opt. to come, "in this way he would...."
ἐρευνώμενος καὶ προγιγνώσκων: pr. part. with instrumental force, "by seeking
   and learning"

καιροὺς, μάλιστ' ἂν εἰδείη περὶ ἑκάστου, καὶ τὰ πλεῖστα τυγχάνοι τῆς ὑγιείης, καὶ κατορθοίη οὐκ ἐλάχιστα ἐν τῇ τέχνῃ. εἰ δὲ δοκέοι τις ταῦτα μετεωρολόγα εἶναι, εἰ μετασταίη τῆς γνώμης, μάθοι ἂν ὅτι οὐκ ἐλάχιστον μέρος συμβάλλεται ἀστρονομίη ἐς ἰητρικὴν, ἀλλὰ πάνυ πλεῖστον. ἅμα γὰρ τῇσιν ὥρῃσι καὶ αἱ νοῦσαι καὶ αἱ κοιλίαι μεταβάλλουσι τοῖσιν ἀνθρώποισιν.

The effects of a city being exposed to hot southern winds and being sheltered from northern winds.

[3] ὅκως δὲ χρὴ ἕκαστα τῶν προειρημένων σκοπεῖν καὶ βασανίζειν, ἐγὼ φράσω σαφέως. ἥτις μὲν πόλις πρὸς τὰ

ἅμα: together with (+ *dat.*)
ἀστρονομίη, ἡ: astronomy
βασανίζω: to examine closely
γνώμη, ἡ: a means of knowing, a mark, token
δοκέω: to think, suppose, expect
ἕκαστος, -η, -ον: every, each
ἐλάχιστος, -η, -ον: smallest, least
ἰατρικός, -ή, -όν: of a physician, medical
καιρός, ὁ: (exact) time, season
κατορθόω: to set straight, achieve
κοιλίη, ἡ: a belly
μανθάνω: to learn, understand
μεθίστημι: to change
μέρος, -εος, τό: a part, share
μεταβάλλω: to turn quickly, change

μετεωρολόγος, -ον: meteorological, of the astronomer
οἶδα: to know
πάνυ: altogether, entirely
πλεῖστος, -η, -ον: most, largest
προλέγω: to say beforehand
σαφέως: clearly, plainly
σκοπέω: to look at, view
συμβάλλω: to throw together, lend, contribute
τέχνη, ἡ: art, skill, craft
τυγχάνω: to hit upon (+ *gen.*)
ὑγιείη, ἡ: health, soundness
φράζω: to show, indicate
χρή: it is necessary
ὥρη, ἡ: a period, season

ἂν εἰδείη: pot. opt., "he would know"
τυγχάνοι, κατορθοίη: pot. opt., "he would come upon, he would achieve"
εἰ δοκέοι... μάθοι ἂν: opt. in fut. less vivid cond., "Should someone believe...he would understand"
εἰ μετασταίη: second protasis, "if he should change"
ὅτι ξυμβάλλεται: ind. st. after μάθοι, "he would understand *that astronomy contributes*"
ἐς ἰητρικὴν: "to the practice of medicine"
τοῖσιν ἀνθρώποισιν: dat. of ref., "for men"
τῶν προειρημένων: perf. part. gen. of προ-λέγω, "of the aforementioned things"

πνεύματα κεῖται τὰ θερμά: — ταῦτα δ' ἔσται μεταξὺ τῆς τε
χειμερινῆς ἀνατολῆς τοῦ ἡλίου καὶ τῶν δυσμέων τῶν
χειμερινῶν — καὶ αὐτῇ ταῦτα τὰ πνεύματά ἐστι σύννομα, τῶν
δὲ ἀπὸ τῶν ἄρκτων πνευμάτων σκέπη: ἐν ταύτῃ τῇ πόλει ἐστὶ
τά τε ὕδατα πολλὰ καὶ ὕφαλα, καὶ ἀνάγκη εἶναι μετέωρα, τοῦ
μὲν θέρεος θερμά, τοῦ δὲ χειμῶνος ψυχρά: τούς τε ἀνθρώπους

ἀνάγκη, ἡ: force, constraint, necessity
ἀνατολή, ἡ: a rising
ἄρκτος, ἡ: north
δυσμή, ἡ: a setting
θερμός, -ή, -όν: hot, warm
θέρος, -εος, τό: summer
κεῖμαι: to be laid, be positioned
μεταξύ: between (+ *gen.*)

μετέωρος, -ον: raised, elevated
σκέπη, ἡ: a shelter, protection
σύννομος, -ον: associated with (+ *dat.*)
ὕφαλος, -ον: briny, salty
χειμερινός, -ή, -όν: of winter, wintery
χειμών, -ῶνος, ὁ: winter
ψυχρός, -ή, -όν: cold, chill

τὰ θερμά: attributive, "the hot (winds)"
μεταξὺ: between the winter and summer risings of the sun, i.e. roughly ESE to WSW. See p. 14
αὐτῇ: dat. after σύννομα, "these winds are associated *with this* (city)"
ἀνάγκη εἶναι μετέωρα: "and it is necessary that they (the waters) be elevated" i.e. not from a deep source
θέρεος, χειμῶνος: gen. of time within which, "in the summer... in the winter"

Note the different meanings of the word αὐτός:

1.) Without the definite article

    a.) The nominative forms of the word always are intensive (= Latin ipse): **αὐτός**: he himself, **αὐτοί**, they themselves; **αἱ γυναῖκες διαιτεῦνται αὐτοὶ δ' ἐφ' ἵππων ὀχεῦνται οἱ ἄνδρες**: "The women live thus, but the men themselves go on horses"

    b.) The other cases of the word are the unemphatic third person pronouns: him, them, etc. This is the most common use in *AWP*: **τὰς κοιλίας αὐτῶν**, their bellies; **αὐτοῖσιν ἐπιχώρια**, "native to them"

2.) With the definite article

    a.) In predicative position, it is also intensive (= Latin ipse): **τὸν ἄνδρα αὐτόν**: the man himself; **αὐτὴ ἡ γῆ**, the earth itself.

    b.) in attributive position or with no noun, it means "the same": **τὸν αὐτόν ἄνδρα**: the same man; **τωὐτὸ (=τὸ αὐτό) δύναται**, "is powerful in the same way"; **συστραφῇ ἐς τὸ αὐτὸ**, "compressed into the same place"

τὰς κεφαλὰς ὑγρὰς ἔχειν καὶ φλεγματώδεας, τάς τε κοιλίας
αὐτῶν πυκνὰ ἐκταράσσεσθαι, ἀπὸ τῆς κεφαλῆς τοῦ φλέγματος
ἐπικαταρρέοντος· τά τε εἴδεα ἐπὶ τὸ πλῆθος αὐτῶν ἀτονώτερα
εἶναι· ἐσθίειν δ' οὐκ ἀγαθοὺς εἶναι οὐδὲ πίνειν· ὁκόσοι μὲν γὰρ
κεφαλὰς ἀσθενέας ἔχουσιν, οὐκ ἂν εἴησαν ἀγαθοὶ πίνειν· ἡ γὰρ
κραιπάλη μᾶλλον πιέζει· νουσήματά τε τάδε ἐπιχώρια εἶναι·
πρῶτον μὲν τὰς γυναῖκας νοσερὰς καὶ ῥοώδεας εἶναι· ἔπειτα
πολλὰς ἀτόκους ὑπὸ νούσου καὶ οὐ φύσει ἐκτιτρώσκεσθαί τε

ἀγαθός, -ή, -όν: good
ἀσθενής, -ές: weak, feeble
ἄτοκος, -ον: never having had a child, barren
ἄτονος, -ον: flabby
γυνή, γυναικός, ἡ: a woman
εἶδος, -εος, τό: form, shape, figure
ἐκταράσσω: to agitate, throw into disorder
ἐκτιτρώσκω: to bear untimely, miscarry
ἔπειτα: thereupon
ἐπικαταρρέω: to flow down
ἐπιχώριος, -η, -ον: of a place, local, endemic
ἐσθίω: to eat
κεφαλή, ἡ: a head

κοιλίη, ἡ: a belly
κραιπάλη, ἡ: drunkenness, hangover
νοσερός, -ή, -όν: sickly
νούσημα, -ατος, τό: an illness, disease
νοῦσος, ἡ: a sickness, disease
πιέζω: to press, oppress
πίνω: to drink
πλῆθος, -εος, τό: a great number, crowd, multitude
πρῶτος, -η, -ον: first
πυκνά: much, often
ῥοώδης, -ες: with a strong flow, running
ὑγρός, -ή, -όν: wet, moist
φλέγμα, -ατος, τό: phlegm
φλεγματώδης, -ες: full of phlegm, phlegmatic

ἔχειν: inf. with acc. subj., "the men *have*"
ὑγρὰς καὶ φλεγματώδεας: pred. adj., "heads that are *moist and full of phlegm*"
ἐκταράσσεσθαι: pas. inf. with acc. subj., "the wombs *are agitated*"
τοῦ φλέγματος ἐπικαταρρέοντος: gen. abs. with causal force, "because of the phlegm flowing"
ἐπὶ τὸ πλῆθος: "for the most part"
τά εἴδεα εἶναι: inf. with acc. subj., "their statures are"
οὐκ εἶναι: inf. with acc. subj., "they are not able to" + inf.
οὐκ ἂν εἴησαν: pr. opt. pot. of εἰμι, "they would not be"
πίνειν: epex. inf. after ἀγαθοὶ, "good at drinking"
εἶναι: inf. with acc. subj., "the local diseases are"; "the women are"
ὑπὸ νούσου: expressing agency, "by disease"
φύσει: dat. of means., "and not by nature"
ἐκτιτρώσκεσθαι: the subj. is πολλὰς (γυναῖκας)

Agency and Means

The dative is the normal case for showing the **instrument** or **means** used for an action, as opposed to the **agent** of an action, which is expressed with ὑπό + the genitive case. While an agent is a person or something quasi-personal (a group of people, a city, etc.), an instrument is usually an object of some kind (e.g., *by* Professsor Plum *with* the rope). However, various kinds of external forces can be put in the agency expression, and this is common in *AWP*. Such agents include natural forces, such as the sun, winter, winds, rain, but also factors like heat, cold, lightness, weight, wetness, weakness. More concrete things like disease, sores, and even urine are also expressed as agents. Note the following examples which show the variation in use:

ἔπειτα πολλὰς ἀτόκους ὑπὸ νούσου, καὶ οὐ φύσει

"next, many are barren *because of disease*, and not *by natural growth*"

ὁκόσα δὲ μεγάλα (sc. διαφέρει) ἢ φύσει ἢ νόμῳ, ἐρέω περὶ αὐτέων.

"The ones which differ greatly *by natural growth* or *by custom*, I will speak about them."

ὥστε, καὶ εἴ τις φύσει πέφυκεν ἀνδρεῖος καὶ εὔψυχος, ἀποτρέπεσθαι τὴν γνώμην ὑπὸ τῶν νόμων.

"with the result that, if someone has become courageous *by natural growth*, the mind becomes turned *by customs*."

In a magico-religious context—Homer's epics, for example—agency is usually ascribed to various gods, who "put thoughts into the minds" of heroes, infuse into them "warlike spirit," etc. Crucial to the articulation of ancient medical discourse is the transfer of agency (*dynamis*) from such unseen daemonic powers to various kinds of physical entities, inside and outside the body. This is different from literary tropes like personification or anthropomorphism, even though the lines of demarcation cannot be drawn clearly. See Brooke Holmes, *The Symptom and The Subject* (Princeton, 2010), 121-47.

πυκνά: τοῖσί τε παιδίοισιν ἐπιπίπτειν σπασμοὺς τε καὶ
ἄσθματα καὶ ἃ νομίζουσι τὸ παιδίον ποιεῖν, καὶ ἱερὴν νοῦσον
εἶναι: τοῖσι δὲ ἀνδράσι δυσεντερίας καὶ διαρροίας καὶ
ἠπιάλους καὶ πυρετοὺς πολυχρονίους χειμερινοὺς καὶ
ἐπινυκτίδας πολλὰς καὶ αἱμορροΐδας ἐν τῇ ἕδρῃ. πλευρίτιδες

αἱμορροΐς, ἡ: a hemorrhoid
ἀνήρ, ἀνδρός, ὁ: a man
ἄσθμα, -ατος, τό: short breathing, asthma
διάρροια, ἡ: diarrhea
δυσεντερία, ἡ: dysentery
ἕδρη , ἡ: a seat, rump
ἐπινυκτίς, -ιδος, ἡ: a pustule which is
    most painful at night
ἐπιπίπτω: to fall upon or over
ἠπίαλος, ὁ: ague, chills
ἱερός, -ά, -όν: sacred, divine

νομίζω: to hold, think, believe
νοῦσος, ἡ: a sickness, disease
παίδιον, τό: a young child
πλευρῖτις, -ιδος, ἡ: pleurisy
ποιέω: to make, do
πολυχρόνιος, -ον: chronic
πυκνά: much, often
πυρετός, ὁ: burning heat, fever
σπασμός, ὁ: a convulsion, spasm
χειμερινός, -ή, -όν: of winter, in winter

ἐπιπίπτειν: inf. with acc. subj., "convulsions fall upon"
ποιεῖν: pr. inf. compl. νομίζουσι, "which they think *to cause*"
τὸ παιδίον: "the child's disease"
ἱερὴν νοῦσον: "and to be *the sacred disease*," i.e. epilepsy
δυσεντερίας (sc. ἐπιπίπτειν): "upon the men dysentery falls"

Third Declension Nouns

Third declension nouns ending in -ις like πόλις retain the -ι- making them look more analogous to other third declension nouns.

nominative plural -ιες

genitive singular -ιος				nominative plural -ιες	
Ionic	**Attic**			**Ionic**	**Attic**
				καθάρσιες	καθάρσεις
				φύσιες	φύσεις
κύστιος	κύστεως			ἐκπλήξιες	ἐκπλήξεις
πόλιος	πόλεως			κακώσιες	κακώσεις
πήξιος	πήξεως			προφάσιες	προφάσεις
φύσιος	φύσεως			**accusative plural** -ιας	
μείξιος	μείξεως			φύσιας	φύσεις
				δυνάμιας	δυνάμεις
				δύσιας	δύσεις
				πόλιας	πόλεις
				προφάσιας	προφάσεις

12

δὲ καὶ περιπλευμονίαι καὶ καῦσοι καὶ ὁκόσα ὀξέα νοσήματα
νομίζονται εἶναι οὐκ ἐγγίνονται πολλά. οὐ γὰρ οἷόν τε, ὅκου
ἂν κοιλίαι ὑγραὶ ἔωσι, τὰς νούσους ταύτας ἰσχύειν. ὀφθαλμίαι
τε ἐγγίνονται ὑγραί, καὶ οὐ χαλεπαί, ὀλιγοχρόνιοι, ἢν μή τι
κατάσχῃ νούσημα πάγκοινον ἐκ μεταβολῆς μεγάλης. καὶ
ὁκόταν τὰ πεντήκοντα ἔτεα ὑπερβάλωσι, κατάρροοι
ἐπιγενόμενοι ἐκ τοῦ ἐγκεφάλου παραπληκτικοὺς ποιέουσι τοὺς
ἀνθρώπους, ὁκόταν ἐξαίφνης ἡλιωθέωσι τὴν κεφαλήν, ἢ

ἐγγίνομαι: to intervene, take place,
 happen
ἐγκέφαλος, ὁ: brain
ἐξαίφνης: suddenly
ἐπιγίνομαι: to come into being after,
 supervene
ἔτος, -εος, τό: a year
ἡλιόομαι: to be in the sun
ἰσχύω: to be strong, prevail
κατάρροος, ὁ: a catarrh, inflammation of
 the nose and throat
κατέχω: to hold fast, possess
καῦσος, -εος, τό: burning heat, fever
κεφαλή, ἡ: a head
κοιλίη, ἡ: belly, bowels
μεταβολή, ἡ: a change
νομίζω: to hold, think, believe
νοσήμα, -ατος, τό: a disease, illness
νοῦσος, ἡ: a sickness, disease

οἷος τε εἰμι: I am able to (+ *inf.*)
ὁκόταν: whenever (+ *subj.*)
ὅκου: where
ὀλιγοχρόνιος, -η, -ον: lasting little time,
 of short duration
ὀξύς, -εῖα, -ύ: sharp, acute
ὀφθαλμία, ἡ: ophthalmia, an
 inflammation of the eye
πάγκοινος, -ον: common to all, epidemic
παραπληκτικός, -ή, -όν: suffering from
 hemiplegia, paralytic
πεντήκοντα: fifty
περιπλευμονία, ἡ: an inflammation of the
 lungs, pneumonia
ποιέω: to make, do
ὑγρός, -ή, -όν: wet, running, loose
ὑπερβάλλω: to overshoot, surpass, exceed
χαλεπός, -ή, -όν: painful, grievous,
 serious

ὀξέα νοσήματα: pred., "whatever are considered to be *acute diseases*"
πολλά: adv. acc., "in many cases, often"
οὐ οἷόν τε (sc. ἐστιν): "for it is not possible" + inf.
ὅκου ἂν ἔωσι: pr. subj. of εἰμι in indefinite clause, "wherever the bowels are loose"
τὰς νούσους ταύτας: subj. acc. of ἰσχύειν (complementing οἷόν τε)
ἢν μή...κατάσχῃ: ao. subj. of κατα-ἔχω in general protasis, "unless an epidemic
 disease attacks"
ἐκ μεταβολῆς (sc. τῶν ὡρέων): "from a great change (of seasons)"
ὑπερβάλωσι: subj. in indefinite clause after ὁκόταν (=ὁκότε ἄν), "whenever
 they exceed fifty years (of age)"
παραπληκτικοὺς: pred., "make men *paralytic*"
ἡλιωθέωσι: ao. pas. subj. after ὁκόταν (=ὁκότε ἄν), "whenever they are exposed
 to the sun"
τὴν κεφαλὴν: acc. of respect, "they are exposed to the sun with respect to their
 head" i.e. their heads are exposed

ῥιγώσωσιν. ταῦτα μὲν τὰ νουσήματα αὐτοῖσιν ἐπιχώριά ἐστιν· χωρὶς δέ, ἤν τι πάγκοινον κατάσχῃ νούσημα ἐκ μεταβολῆς τῶν ὡρέων, καὶ τούτου μετέχουσιν.

ἐπιχώριος, -η, -ον: of a place, local, endemic
κατέχω: to hold fast, possess
μεταβολή, ἡ: a change, changing
μετέχω: to have a share in, take part in (+ gen.)

νούσημα, -ατος, τό: an illness, disease
πάγκοινος, -ον: common to all, epidemic
ῥιγόω: to be cold
χωρίς: separately, apart
ὥρη, ἡ: a period, season

ῥιγώσωσιν: ao. subj. after ὁκόταν, "when they are cold
χωρὶς δέ: "and besides (the endemic diseases)..."
ἤν κατάσχῃ: ao. subj κατα-έχω in pr. gen. cond., "if some epidemic disease prevails..."

Directions in Hippocrates

The reader should note the meanings of the following expressions:

(1) "between the winter rising of the sun and the winter setting" i. e. roughly East-Southeast to West-Southwest (113° to 248°)

(2) "between the summer setting and the summer rising" i. e. roughly West-Northwest to East-Northeast (293° to 68°)

(3) "between the summer and winter risings" i.e. roughly East Northeast to East Southeast (68° to 113°)

The exact number of degrees is a question of latitude. These directions are roughly correct for the Mediterranean area.

Adapted from W.H.S. Jones, Hippocrates Vol. 1 (Harvard University Press, Cambridge, 1957), p. 69.

General or Indefinite Clauses

The most common kind of conditional sentence in *AWP* is the so-called "present general condition," which has ἤν (ἐάν) + the subjunctive in the protasis, and the present indicative in the apodosis. Here are some examples:

ἤν τι πάγκοινον κατάσχῃ νούσημα ... μετέχουσιν: "if any common disease takes hold, they share"

κἢν (καὶ ἐάν) μὲν τὸ θέρος αὐχμηρὸν γένηται, θᾶσσον παύονται αἱ νοῦσοι: "even if summer becomes dry, diseases cease quicker"

Such a sentence is distinguished from the so-called "future more vivid condition" by the latter's use of the future indicative in the apodosis. Compare:

κἢν (καὶ ἐάν) μὲν τὸ θέρος αὐχμηρὸν γένηται, θᾶσσον παύσονται αἱ νοῦσοι: "even if summer becomes dry, diseases *will cease* quicker"

In this case, the condition is speaking about a more specific *probability* in the future.

A parallel construction is the use of ἄν + the subjunctive with temporal particles or relative pronouns to produce general temporal clauses (whenever...) or general relative clauses (whoever...). Here are some examples:

ἐπειδὰν (=ἐπειδή + ἄν) ἀφίκηταί τις ... διαφροντίσαι χρὴ (ἐστι): "*after someone arrives* ... it is necessary to consider"

ὁκόταν (ὁκοτε + ἄν) δὲ τέκωσι, τὰ παιδία ἀδύνατοι τρέφειν εἰσί: "*whenever they bear* children, they are unable to nurse them."

πρῶτον μὲν τὰς γυναῖκας, ὁκόσαι ἂν τύχωσιν ἐν γαστρὶ ἔχουσαι: "first the women, *whenever they happen* to be pregnant."

Contrast this last example with the use of the indicative in definite relative clauses:

ἔπειτα τὰ ὕδατα, ὁκόσα πρὸς τὰς τοῦ ἡλίου ἀνατολάς ἐστι ...: "Next are the waters *which are oriented toward the rising of the sun* ..."

ἄριστα δὲ ὁκόσα ἐκ μετεώρων χωρίων ρεῖ: "best are the ones *which flow from* high *places*"

Hippocrates

The effects of a city being exposed to northern winds and sheltered from hot southern winds.

[4.] ὁκόσαι δ' ἀντικέονται τούτων πρὸς τὰ πνεύματα
τὰ ψυχρὰ τὰ μεταξὺ τῶν δυσμέων τῶν θερινῶν τοῦ ἡλίου καὶ
τῆς ἀνατολῆς τῆς θερινῆς, καὶ αὐτῇσι ταῦτα τὰ πνεύματα
ἐπιχώριά ἐστι, τοῦ δὲ νότου καὶ τῶν θερμῶν πνευμάτων
σκέπη, ὧδε ἔχει περὶ τῶν πολίων τούτων. πρῶτον μὲν τὰ
ὕδατα σκληρά τε καὶ ψυχρὰ ὡς ἐπὶ τὸ πλῆθος ἐγγίνεται. τοὺς

ἀνατολή: a rising, rise
ἀντίκειμαι: to be set against, be opposite
δυσμή, ἡ: setting
ἐγγίνομαι: to intervene, take place, happen
ἐπιχώριος, -η, -ον: of a place, local, endemic
θερινός, -ή, -όν: of the summer, in summer
θερμός, -ή, -όν: hot, warm

μεταξύ: between
νότος, ὁ: the south
πλῆθος, -εος, τό: a great number, crowd, multitude
πρῶτος, -η, -ον: first
σκέπη, ἡ: a covering, shelter, protection
σκληρός, -ή, -όν: hard
ψυχρός, -ή, -όν: cold, chill
ὧδε: so, thus

ὁκόσαι δ' (sc. πόλεις): answering to ἥτις μὲν πόλις above, "but whatever cities"
τούτων: gen. after ἀντικέονται, "lie opposite to these (the warm winds)"
τὰ ψυχρὰ τὰ μεταξὺ: attributive adj., "the cold ones between" + gen.
μεταξύ...θερινῆς: "between the summer settings and risings of the sun," i.e. roughly WNW to ENE. See p. 14
αὐτῇσι: dat. of ref., "the winds are local to them"
τοῦ νότου καὶ τῶν θερμῶν πνευμάτων: gen. of separation, "protection from the south and from hot winds"
ὧδε ἔχει: "so it is (as follows) concerning these cities"
ὡς ἐπὶ τὸ πλῆθος: "for the most part"

Note the different meanings of the verb ἔχω

The verb ἔχω has a range of special uses and meanings, the most important of which are as follows:

1. to have or possess: τὰς δὲ κεφαλὰς ὑγιηρὰς ἔχουσι, "they have moist heads"
2. to have or possess a certain power, to be able to + infinitive
3. to have a certain condition, to be a certain way, often used with an adverb. ἔχει ὁμοίως: "it is similar"

The third meanings is found often in *AWP* in the two expressions

οὕτως ἔχει: "it is thus" i.e., as I just explained
ὧδε ἔχει: "it is so" i.e., as I am about to explain

16

δὲ ἀνθρώπους ἐντόνους τε καὶ σκελιφροὺς ἀνάγκη εἶναι, τούς
τε πλείους τὰς κοιλίας ἀτεράμνους ἔχειν καὶ σκληρὰς τὰς
κάτω, τὰς δὲ ἄνω εὐροωτέρας: χολώδεάς τε μᾶλλον ἢ
φλεγματίας εἶναι. τὰς δὲ κεφαλὰς ὑγιηρὰς ἔχουσι καὶ
σκληράς: ῥηγματίαι τε εἰσὶν ἐπὶ τὸ πλῆθος. νοσεύματα δὲ
αὐτοῖσιν ἐπιδημεῖ ταῦτα, πλευρίτιδές τε πολλαί, αἴ τε ὀξεῖαι
νομιζόμεναι νοῦσοι. ἀνάγκη δὲ ὧδε ἔχειν, ὁκόταν αἱ κοιλίαι
σκληραὶ ἔωσιν: ἔμπυοί τε πολλοὶ γίνονται ἀπὸ πάσης
προφάσιος: τούτου δὲ αἴτιόν ἐστι τοῦ σώματος ἡ ἔντασις καὶ

αἴτιον, τό: a cause
ἀνάγκη, ἡ: force, constraint, necessity
ἄνω: upwards
ἀτεράμνος, -ον: unsoftened
ἔμπυος, -ον: suffering from an abscess
ἔντασις, -ιος, ἡ: tension
ἔντονος, -ον: sinewy
ἐπιδημέω: to be at home, be epidemic
εὔροος, -ον: flowing well, open
κάτω: down, downwards
κεφαλή, ἡ: a head
κοιλίη, ἡ: belly, (pl.) bowels
νομίζω: to hold, believe, consider
νόσευμα, -ατος, τό: a sickness, disease
νοῦσος, ἡ: a sickness, disease

ὁκόταν: wherever (+ subj.)
ὀξύς, -εῖα, -ύ: sharp, acute
πλείων, -ον: more
πλευρῖτις, -ιδος, ἡ: pleurisy
πλῆθος, -εος, τό: a great number, crowd, multitude
πρόφασις, -ιος, ἡ: a cause, provocation
ῥηγματίας, -ου, ὁ: prone to lacerations or rupture
σκελιφρός, -ή, -όν: lean
σκληρός, -ή, -όν: hard
σῶμα, -ατος, τό: a body
ὑγιηρός, -ή, -όν: healthy
φλεγμίης, -ου, ὁ: phlegmatic
χολώδης, -ες: like bile, bilious

ἀνάγκη (sc. ἐστιν): "*it is necessary* for the men to be"
τούς πλείους: "the greater number (of men)" acc. subj. of ἔχειν
ἀτεράμνους καὶ σκληράς: pred., "have (upper) bowels that are *unsoftened and hard*"
τὰς κάτω, τὰς δὲ ἄνω: "the upper bowels, but the lower bowels"
φλεγματίας: acc. pl. pred., "and they are bilious and phlegmatic"
εἶναι: inf. with χρή understood from above.
ἐπὶ τὸ πλῆθος: "for the most part"
αὐτοῖσιν: dat. of ref., "are endemic *to them*"
αἴ τε νοῦσοι: "and the diseases considered," αἴ has an accent because it is followed by an enclitic.
ἔχειν: inf. with ἀνάγκη, "it is necessary *that it be* so"
ἔωσιν: subj. after ὁκόταν (=ὁκότε ἄν), "wherever the bowels are hard"

17

ἡ σκληρότης τῆς κοιλίης: ἡ γὰρ ξηρότης ῥηγματίας ποιεῖ
εἶναι, καὶ τοῦ ὕδατος ἡ ψυχρότης. ἐδωδοὺς δὲ ἀνάγκη τὰς
τοιαύτας φύσιας εἶναι, καὶ οὐ πολυπότας: οὐ γὰρ οἷόν τε ἅμα
πολυβόρους τε εἶναι καὶ πολυπότας: ὀφθαλμίας τε γίνεσθαι
μὲν διὰ χρόνου, γίνεσθαι δὲ σκληρὰς καὶ ἰσχυρὰς, καὶ εὐθέως
ῥήγνυσθαι τὰ ὄμματα: αἱμορροίας δὲ ἐκ τῶν ῥινῶν τοῖσι
νεωτέροισι τριήκοντα ἐτέων γίνεσθαι ἰσχυρὰς τοῦ θέρεος: τά
τε ἱερὰ νοσεύματα καλεύμενα, ὀλίγα μὲν ταῦτα, ἰσχυρὰ δέ.
μακροβίους δὲ τοὺς ἀνθρώπους τούτους μᾶλλον εἰκὸς εἶναι

αἱμόρροια, ἡ: a bleeding, hemorrhage
ἅμα: at the same time
ἀνάγκη, ἡ: force, constraint, necessity
ἐδωδός, -όν: given to eating
εἰκός: likely
ἔτος, -εος, τό: a year
εὐθέως: at once, directly
θέρος, -εος, τό: summer
ἱερός, -ή, -όν: sacred, divine
ἰσχυρός, -ή, -όν: strong, severe
καλέω: to call
κοιλίη, ἡ: a belly, (pl.) bowels
μακρόβιος, -ον: long-lived
νεώτερος, -η, -ον: younger
νόσευμα, -ατος, τό: a sickness, disease
ξηρότης, -ητος, ἡ: dryness
οἷος τε εἰμι: I am able to (+ inf.)

ὀλίγος, -η, -ον: few, little, rare
ὄμμα, -ματος, τό: an eye
ὀφθαλμία, ἡ: ophthalmia, inflammation of
  the eye
ποιέω: to make, do, cause (+ inf.)
πολυβόρος, -ον: eating much
πολυπότης, -ου, ὁ: a heavy drinker
ῥηγματίας, -ου, ὁ: prone to lacerations or
  rupture
ῥήγνυμι: to break, rupture
ῥίς, ῥινός, ἡ: a nose
σκληρός, -ή, -όν: hard
σκληρότης, -ητος, ἡ: hardness
τριάκοντα: thirty
χρόνος, ὁ: time
ψυχρότης, -ητος, ἡ: coldness

ῥηγματίας: acc. pl. pred. after εἶναι, "to be *prone to rupture*"
ποιεῖ εἶναι: "causes them to be"
οὐ οἷόν τε (sc. ἐστιν): "for it is not possible" + inf.
διὰ χρόνου: "after some time"
γίνεσθαι: pr. inf. with acc. subj., "inflammations *happen*"
αἱμορροίας: acc. subj. of γίνεσθαι, "hemorrhoids are"
τριήκοντα ἐτέων: gen. of comparison, "to those younger than thirty years"
ἰσχυρὰς: acc. pred. of αἱμορροίας, "are severe"
τοῦ θέρεος: gen. of time within which, "during the summer"
τά ἱερὰ νοσεύματα καλεύμενα: "those illnesses called 'sacred'" i.e. epilepsy
τοὺς ἀνθρώπους: acc. subj. of εἶναι, "such men are"

ἑτέρων: τά τε ἕλκεα οὐ φλεγματώδεα ἐγγίνεσθαι, οὐδὲ
ἀγριοῦσθαι: τά τε ἤθεα ἀγριώτερα ἢ ἡμερώτερα. τοῖσι μὲν
ἀνδράσι ταῦτα τὰ νουσήματα ἐπιχώριά ἐστι: καὶ χωρὶς, ἤν τι
πάγκοινον κατάσχῃ ἐκ μεταβολῆς τῶν ὡρέων: τῆσι δὲ γυναιξὶ,
πρῶτον μὲν στρερίφαι πολλαὶ γίνονται διὰ τὰ ὕδατα ἐόντα

ἄγριος, -η, -ον: wild, fierce
ἀγριοῦμαι: to be malignant
ἀνήρ, ἀνδρός, ὁ: a man
γυνή, γυναικός, ἡ: a woman
ἐγγίνομαι: to be born in
ἕλκος, -εος, τό: a wound, sore
ἐπιχώριος, -η, -ον: of a place, local,
  endemic
ἦθος, -εος, τό: character
ἤμερος, -η, -ον: tame, gentle

κατέχω: to hold fast
μεταβολή, ἡ: a change, changing
νούσημα, -ατος, τό: an illness, disease
πάγκοινος, -ον: common to all, epidemic
πρῶτος, -η, -ον: first
στέριφος, -η, -ον: solid, barren
φλεγματώδης, -ες: inflammatory, full of
  phlegm
χωρίς: separately, apart
ὥρη, ἡ: a period, season

ἑτέρων: gen. of comparison, "more likely than others"
τά ἕλκεα: acc. subj. of pr. mid. inf. ἐγγίνεσθαι, "sores break out"
ἀγριοῦσθαι: pr. inf., "nor do they become malignant"
καὶ χωρὶς: "and besides (the endemic diseases)..."
ἤν ... κατάσχῃ: ao. subj. of κατα-έχω in pr. gen. protatis, "if some epidemic
  disease prevails..."
πολλαὶ (sc. γυναίκες): "many women become"
διὰ τὰ ὕδατα ἐόντα: "because of the waters being"

-ευ- for -εο- in Present Participles

Contracted forms of -έω verbs are characteristic of Attic Greek. Ionic
often leaves -εο- and -εε- combinations uncontracted; *AWP* follows the Attic
convention in most verb forms, but note the diphthong -ευ- for -εο- in middle
participles:

uncontracted	Attic contraction	Ionic contraction
καλε<u>ό</u>μενα	καλ<u>ού</u>μενα	καλ<u>εύ</u>μενα
κυλινδεόμενον	κυλινδούμενον	κυλινδεύμενον
ἐνθυμεόμενος	ἐνθυμούμενος	ἐνθυμεύμενος
ἐννοεόμενος	ἐννοούμενος	ἐννοεύμενος
σκοπεόμενος	σκοπούμενος	σκοπεύμενος
ἱκνεομένου	ἱκνουμένου	ἱκνευμένου
πινεομένων	πινουμένων	πινευμένων

Note also ἀφικνεῦνται for ἀφικνοῦνται; and διουρεῦσι for διουροῦσι.

σκληρά τε καὶ ἀτέραμνα καὶ ψυχρά: αἱ γὰρ καθάρσιες οὐκ
ἐπιγίνονται τῶν ἐπιμηνίων ἐπιτήδειαι, ἀλλὰ ὀλίγαι καὶ
πονηραί. ἔπειτα τίκτουσι χαλεπῶς: ἐκτιτρώσκουσί δὲ οὐ
σφόδρα. ὁκόταν δὲ τέκωσι, τὰ παιδία ἀδύνατοι τρέφειν εἰσί:
τὸ γὰρ γάλα ἀποσβέννυται ἀπὸ τῶν ὑδάτων τῆς σκληρότητος
καὶ ἀτεραμνίης: φθίσιές τε γίνονται συχναὶ ἀπὸ τῶν τοκετῶν:
ὑπὸ γὰρ βίης ῥήγματα ἴσχουσι καὶ σπάσματα. τοῖσι δὲ
παιδίοισιν ὕδρωπες ἐγγίνονται ἐν τοῖσιν ὄρχεσιν, ἕως σμικρὰ
ᾖ: ἔπειτα, προϊούσης τῆς ἡλικίης ἀφανίζονται: ἡβῶσί τε ὀψὲ
ἐν ταύτῃ τῇ πόλει.

ἀδύνατος, -ον: unable
ἀποσβέννυμι: to be extinguished, cease
ἀτεραμνίη, ἡ: harshness
ἀτέραμνος, -ον: unsoftened
ἀφανίζομαι: to disappear
βίη, ἡ: strength, force, violence
γάλα, γάλακτος, τό: milk
ἐγγίνομαι: to intervene, take place, happen
ἐκτιτρώσκω: to bring forth untimely, miscarry
ἔπειτα: thereupon
ἐπιγίνομαι: to supervene, come about, befall
ἐπιμήνιος, -ον: monthly
ἐπιτήδειος, -η, -ον: suitable, fit, healthy
ἕως: while, until (+ subj.)
ἡβάω: to reach puberty
ἡλικία, ἡ: time of life, age
ἴσχω: to check
κάθαρσις, -ιος, ἡ: a cleansing, evacuation

μικρός, -ή, -όν: small, little
ὀλίγος, -η, -ον: scanty, small
ὄρχις, -ιος, ὁ: testicle
ὀψέ: after a long time, late
παίδιον, τό: a young child
πονηρός, -ή, -όν: toilsome, painful, grievous
προέρχομαι: to go forward, advance
ῥῆγμα, -ατος, τό: a breakage, rupture
σκληρός, -ή, -όν: hard
σκληρότης, -ητος, ἡ: hardness
σπάσμα, -ατος, τό: a spasm, strain
συχνός, -ή, -όν: long, (pl.) many, frequent
σφόδρα: very, much
τίκτω: to bear children
τοκετός, ὁ: a birth, delivery
τρέφω: to nurse
ὕδρωψ, -ωπος, ὁ: dropsy
φθίσις, -ιος, ἡ: emaciation, consumption
χαλεπός, -ή, -όν: painful, difficult
ψυχρός, -ή, -όν: cold

αἱ καθάρσιες τῶν ἐπιμηνίων: i.e. menstruation
τέκωσι: ao. subj. in indef. cl., "whever they give birth"
τρέφειν: epex. inf. after ἀδύνατοι, "they are unable to nurse"
τὸ γάλα: "breast milk"
ὑπὸ βίης (sc. τῶν τοκετῶν): "from the violence (of the births)"
ἕως ᾖ: 3 s. subj. of εἰμί with n. pl. subject (sc. τὰ παιδιά), "while they are small"
προϊούσης: pr. part. f. of προ-έρχομαι in gen. abs., "with age advancing"

The effects of a city being oriented towards the east.

[5.] περὶ μὲν οὖν τῶν θερμῶν πνευμάτων καὶ τῶν
ψυχρῶν καὶ τῶν πολίων τούτων ὧδε ἔχει ὡς προείρηται.
ὁκόσαι δὲ κέονται πρὸς τὰ πνεύματα τὰ μεταξὺ τῶν θερινῶν
ἀνατολέων τοῦ ἡλίου καὶ τῶν χειμερινῶν, καὶ ὁκόσαι τὸ
ἐναντίον τούτων, ὧδε ἔχει περὶ αὐτῶν. ὁκόσαι μὲν πρὸς τὰς
ἀνατολὰς τοῦ ἡλίου κέονται, ταύτας εἰκὸς εἶναι ὑγιεινοτέρας
τῶν πρὸς τὰς ἄρκτους ἐστραμμένων καὶ τῶν πρὸς τὰ θερμὰ,
ἢν καὶ στάδιον τὸ μεταξὺ ᾖ. πρῶτον μὲν γὰρ μετριώτερον ἔχει
τὸ θερμὸν καὶ τὸ ψυχρόν. ἔπειτα τὰ ὕδατα, ὁκόσα πρὸς τὰς
τοῦ ἡλίου ἀνατολάς ἐστι, ταῦτα λαμπρά τε εἶναι ἀνάγκη καὶ

ἀνάγκη, ἡ: force, constraint, necessity
ἀνατολή, ἡ: a rising, rise
ἄρκτος, ἡ: the north
εἰκός: likely
ἐναντίος, -η, -ον: opposite (+ gen.)
ἔπειτα: thereupon
θερινός, -ή, -όν: of the summer, in
   summer
θερμόν, τό: heat
θερμός, -ή, -όν: hot, warm
κεῖμαι: to be laid, be positioned
λαμπρός, -ή, -όν: bright, clear

μεταξύ: between
μέτριος, -η, -ον: within measure,
   moderate
προλέγω: to say before
στάδιον, τό: a stade
στρέφω: to turn
ὑγιεινός, -ή, -όν: sound, healthy
χειμερινός, -ή, -όν: of the winter, in
   winter
ψυχρόν, τό: cold
ψυχρός, -ή, -όν: cold, chill

προείρηται: perf. pass. of προ-λέγω, "it is as *it has been said*"
ὁκόσαι (sc. πόλεῖς): "whatever cities"
μεταξὺ...χειμερινῶν: "between the summer and winter risings of the sun,"
   roughly ENE to ESE. See p. 14
ὧδε ἔχει: "concerning these, *it is so* (i.e. as follows)"
εἰκὸς εἶναι: "it is likely that these are"
τῶν ἐστραμμένων: pf. part. of στρέφω, gen. of comparison after ὑγιεινοτέρας,
   "healthier *than those turned*"
ἢν καὶ ᾖ: pr. subj. in pr. gen. cond., "even if the distance between is"
πρότερον: "in the first case"
μετριώτερον ἔχει: "they are milder"
εἶναι ἀνάγκη: "these (waters) *must be* clear"

21

εὐώδεα καὶ μαλακὰ καὶ ἐρατεινὰ ἐγγίνεσθαι ἐν ταύτῃ τῇ
πόλει. ὁ γὰρ ἥλιος καθαίρει ἀνίσχων καὶ καταλάμπων: τὸ γὰρ
ἑωθινὸν ἑκάστοτε αὐτὰ ὁ ἠὴρ ἐπέχει ὡς ἐπὶ τὸ πολύ. τά τε
εἴδεα τῶν ἀνθρώπων εὔχροά τε καὶ ἀνθηρά ἐστι μᾶλλον ἢ
ἄλλῃ, ἢν μή τις νοῦσος κωλύῃ. λαμπρόφωνοί τε οἱ ἄνθρωποι,
ὀργήν τε καὶ σύνεσιν βελτίους εἰσὶ τῶν προσβορείων, ἧπερ
καὶ τὰ ἄλλα τὰ ἐμφυόμενα ἀμείνω ἐστίν. ἔοικέ τε μάλιστα ἡ
οὕτω κειμένη πόλις ἦρι κατὰ τὴν μετριότητα τοῦ θερμοῦ καὶ

ἀμείνων, -ον: better, abler, stronger
ἀνθηρός, -ή, -όν: flowering, blooming
ἀνίσχω: to hold up, rise
αὐτόσε: thither, to the very place
βελτίων, -ον: better
ἐγγίνομαι: to be born in
εἶδος, -εος, τό: form, shape, figure
ἑκάστοτε: each time, on each occasion
ἐμφύω: to implant, (pass.) to grow in
ἔοικε: it is like
ἐπιχέω: to pour water over
ἐρατεινός, -ή, -όν: lovely, delightful
εὔχροος, -ον: well-colored, of healthy
    complexion
εὐώδης, -ες: sweet-smelling, fragrant
ἑωθινός, -ή, -όν: in the morning, early
ἠὴρ, ἠέρος, ὁ: air

ἧπερ: just as
ἦρ, ἦρος, τό: spring
θερμόν, τό: warmth
καθαίρω: to purify
καταλάμπω: to shine upon
κεῖμαι: to be laid, be positioned
κωλύω: to hinder, prevent
λαμπρόφωνος, -ον: clear-voiced
μαλακός, -ή, -όν: soft
μετριότης, -ητος, ἡ: moderation
νοῦσος, ἡ: a sickness, disease
ὀργή, ἡ: a temperament, disposition,
    nature
προσβόρειος, -ον: exposed to the north
    wind
σύνεσις, -ιος, ἡ: a coming together,
    intelligence

ἐγγίνεσθαι: also complementing ἀνάγκη
ἀνίσχων καὶ καταλάμπων: pr. part. instr., "by rising and shining on"
τὸ ἑωθινὸν: adv. acc., "in the morning"
αὐτὰ: acc. pl. obj. of ἐπέχει, "the air holds *them* in check" i.e. the waters, or the
    vapors rising from the waters
ἄλλῃ: dat. of place where, "more than *elsewhere*"
ἢν μή κωλύῃ: subj. in general protasis, "unless some sickness prevents (it)"
ὀργήν καὶ ξύνεσιν: acc. of respect, "they are better *in disposition and in intelligence*"
τῶν προσβορείων: gen. of comparison after βελτίους, "better than *those exposed
    to the north wind*"
τὰ ἐμφυόμενα: pr. part. neut., "the other things growing there"
κειμένη: pr. part modifying πόλις, "a city being situated in this way"
ἦρι: dat. after ἔοικε, "a city...is like *spring*"

22

τοῦ ψυχροῦ: τά τε νοσεύματα ἐλάσσω μὲν γίνεται καὶ
ἀσθενέστερα, ἔοικε δὲ τοῖσιν ἐν τῇσι πόλεσι γενομένοις
νοσεύμασι, τῇσι πρὸς τὰ θερμὰ πνεύματα ἐστραμμένῃσιν. αἵ
τε γυναῖκες αὐτόθι ἀρικύμονές εἰσι σφόδρα καὶ τίκτουσι
ῥηϊδίως.

The effects of a city being oriented towards the west.

[6] περὶ μὲν τούτων ὧδε ἔχει. ὁκόσαι δὲ πρὸς τὰς
δύσιας κεῖνται, καὶ αὐτῇσίν ἐστι σκέπη τῶν πνευμάτων τῶν
ἀπὸ τῆς ἠοῦς πνεόντων, τά τε θερμὰ πνεύματα παρραρεῖ καὶ
τὰ ψυχρὰ ἀπὸ τῶν ἄρκτων, ἀνάγκη ταύτας τὰς πόλιας θέσιν
κεῖσθαι νοσερωτάτην: πρῶτον μὲν γὰρ τὰ ὕδατα οὐ λαμπρά:

ἀνάγκη, ἡ: force, constraint, necessity
ἀρικύμων, -ονος: prolific
ἄρκτος, ἡ: the north
ἀσθενής, -ές: without strength, weak
αὐτόθι: there
γυνή, γυναικός, ἡ: a woman
δύσις, -ιος, ἡ,: a setting (of the sun)
ἐλάσσων, -ον: smaller, less
ἔοικε: it is like
ἠώς, ἠοῦς, ἡ: the east
θερμός, -ή, -όν: hot, warm
θέσις, -ιος, ἡ: a setting, position
κεῖμαι: to be laid, be situated

λαμπρός, -ή, -όν: bright, clear
νοσερός, -ή, -όν: sickly, unhealthy
νόσευμα, -ατος, τό: sickness, disease
παραρρέω: to flow past
πνέω: to blow
ῥηϊδίως: easily, readily
σκέπη, ἡ: a covering, shelter, protection
στρέφω: to turn
σφόδρα: very, much
τίκτω: to bear children
ψυχρόν, τό: cold
ψυχρός, -ή, -όν: cold, chill

ἐλάσσω: n. acc. pl. contracted (= ἐλάσσονα), "the diseases are fewer"
γενομένοις νοσεύμασι: dat. after ἔοικε, "the diseases are similar to the diseases
   occurring..."
ἐστραμμένῃσιν: dat. pl. perf. pass. part. of στρέφω, "similar to those turned..."
ὧδε ἔχει: "it is so" (in such cities)
καὶ αὐτῇσίν: dat. pl., "also to these cities"
τῶν πνευμάτων: gen. of separation after σκέπη, "shelter *from the winds*"
κεῖσθαι: inf. after ἀνάγκη, "it must be that these cities *are situated*"
θέσιν νοσερωτάτην: cogn. acc. with κεῖσθαι, "these cities are situated *in a most
   unhealthy position*"

αἴτιον δέ, ὅτι ὁ ἠὴρ τὸ ἑωθινὸν κατέχει ὡς ἐπὶ τὸ πολύ, ὅστις τῷ ὕδατι ἐγκαταμιγνύμενος τὸ λαμπρὸν ἀφανίζει· ὁ γὰρ ἥλιος πρὶν ἄνω ἀρθῆναι οὐκ ἐπιλάμπει. τοῦ δὲ θέρεος, ἕωθεν μὲν αὖραι ψυχραὶ πνέουσι, καὶ δρόσοι πίπτουσι· τὸ δὲ λοιπὸν ἥλιος ἐγκαταδύνων ὥστε μάλιστα διέψει τοὺς ἀνθρώπους, διὸ καὶ ἀχρόους τε εἰκὸς εἶναι καὶ ἀρρώστους, τῶν τε νοσευμάτων πάντων μετέχειν μέρος τῶν προειρημένων· οὐδὲν γὰρ αὐτοῖς ἀποκέκριται. βαρυφώνους τε εἰκὸς εἶναι καὶ βραγχώδεας διὰ

αἴρω: to raise, lift up
αἴτιον, τό: a cause
ἄνω: upwards, high
ἀποκρίνω: to set apart, distinguish
ἄρρωστος, -ον: weak, sickly
αὖρα, ἡ: a breeze
ἀφανίζω: to hide, conceal, remove
ἄχροος, -ον: colorless, pale
βαρύφωνος, -ον: gruff-voiced
βραγχώδης, -ες: subject to hoarseness
διέψω: to scorch thoroughly
διό: wherefore, for which reason
δρόσος, ἡ: dew
ἐγκαταδύνω: sink beneath
ἐγκαταμίγνυμι: to mix up in
εἰκός: likely

ἐπιλάμπω: to shine upon
ἕωθεν: from morning, at dawn
ἑωθινός, -ή, -όν: in the morning, early
ἠὴρ, ἠέρος, ὁ: air
θέρος, -εος, τό: summer
κατέχω: to hold fast
λαμπρόν, τό: clarity
λοιπός, -ή, -όν: remaining, the rest
μέρος, -εος, τό: a part, share
μετέχω: to share in, take part in
νόσευμα, -ατος, τό: sickness, disease
πίπτω: to fall
πνέω: to blow
πρίν: before (+ inf.)
προλέγω: to say before
ψυχρός, -ή, -όν: cold, chill

τὸ ἑωθινὸν: acc. of duration, "during the morning"
ὡς ἐπὶ τὸ πολὺ: "generally"
ἐγκαταμιγνύμενος: pr. part. of ἐν-κατα-μίγνυμι, "which, being mixed up in the water"
πρὶν ἀρθῆναι: ao. pass. inf. of αἴρω, "before it is raised high"
τοῦ θέρεος: gen. of time within which, "during the summer"
τὸ λοιπὸν: acc. of extent of time, "for the rest (of the day)"
ὥστε διέψει:. pr. inf. in res. cl., "so that it scorches"
μετέχειν: after εἰκός, "it is likely that they share in"
προειρημένων: perf. pass. part. of προ-λέγω, "of all the aforementioned diseases"
αὐτοῖς: dat. of advantage, "none are set apart for them" i.e. they suffer from no unique endemic diseases.
ἀποκέκριται: perf. pass. of ἀποκρίνω, "none is distinguished"

τὸν ἠέρα, ὅτι ἀκάθαρτος ὡς ἐπὶ τὸ πολὺ αὐτόθι γίνεται καὶ
νοσώδης: οὔτε γὰρ ὑπὸ τῶν βορείων ἐκκρίνεται σφόδρα: οὐ
γὰρ προσέχουσι τὰ πνεύματα: ἅ τε προσέχουσιν αὐτοῖσι καὶ
πρόσκεινται, ὑδατεινότατά ἐστιν: ἐπεὶ τοιαῦτα τὰ ἀπὸ τῆς
ἑσπέρης πνεύματα: ἔοικέν τε μετοπώρῳ μάλιστα ἡ θέσις ἡ
τοιαύτη τῆς πόλιος κατὰ τὰς τῆς ἡμέρης μεταβολὰς, ὅτι πολὺ
τὸ μέσον γίνεται τοῦ τε ἑωθινοῦ καὶ τοῦ πρὸς τὴν δείλην.

The effects of water from different sources: marshy, rocky and flowing from high hills.

[7.] περὶ μὲν πνευμάτων, ἅ τέ ἐστιν ἐπιτήδεια καὶ
ἀνεπιτήδεια, ὧδε ἔχει. περὶ δὲ τῶν λοιπῶν ὑδάτων βούλομαι
διηγήσασθαι, ἅ τέ ἐστι νοσώδεα, καὶ ἃ ὑγιεινότατα, καὶ ὁκόσα

ἀκάθαρτος, -ον: unclean, impure
ἀνεπιτήδειος, -η, -ον: unserviceable,
  unfit
αὐτόθι: there
βόρειος, -η, -ον: northern
βούλομαι: to wish
δείλη, ἡ: afternoon
διηγέομαι: to set out in detail, describe
ἐκκρίνω: to separate, clear
ἔοικε: it is like, is similar to (+ dat.)
ἐπιτήδειος, -η, -ον: suitable, convenient
ἑσπέρη, ἡ: evening
ἑωθινός, -ή, -όν: in the morning, early
ἠήρ, ἠέρος, ὁ: air

ἡμέρη, ἡ: day
θέσις, -ιος, ἡ: a situation, placement
λοιπός, -ή, -όν: remaining, the rest
μέσος, -η, -ον: middle, in the middle
μεταβολή, ἡ: a change, changing
μετόπωρον, τό: autumn
νοσώδης, -ες: sickly, unhealthy
προσέχω: to hold to, attach to
πρόσκειμαι: to be laid upon
σφόδρα: very, much
ὑγιεινός, -ή, -όν: wholesome, healthy
ὑδατεινός, -ή, -όν: wet, moist
ὧδε: so, thus

ὅτι γίνεται: "because it is"
ὡς ἐπὶ τὸ πολὺ: "generally"
ἐκκρίνεται: pr. pass. of ἐκκρίνω, "it (the air) is not cleared"
ἅ τε: "and (the winds) which do persist"
ἐπεὶ τοιαῦτα: *"since such are the winds"*
μετοπώρῳ: dat. after ἔοικεν, "the situation is similar *to autumn*"
πολὺ: pred., "the middle is *much*" i.e. the disparity between the two extremes is
  great
ἅ: n. pl. rel. pronoun, "the winds, *which are...*"
ὧδε ἔχει: "it is so"
διηγήσασθαι: ao. inf. of δια-ηγέομαι after βούλομαι
ἅ: n. pl. rel. pronoun, "the waters, *which are...*"

ἀφ' ὕδατος κακὰ εἰκὸς γίνεσθαι, καὶ ὅσα ἀγαθά: πλεῖστον γὰρ μέρος συμβάλλεται ἐς τὴν ὑγιείην. ὁκόσα μὲν οὖν ἐστιν ἐλώδεα καὶ στάσιμα καὶ λιμναῖα, ταῦτα ἀνάγκη τοῦ μὲν θέρεος εἶναι θερμὰ καὶ παχέα καὶ ὀδμὴν ἔχοντα, ἅτε οὐκ ἀπόρρυτα ἐόντα: ἀλλὰ τοῦ τε ὀμβρίου ὕδατος ἐπιφερομένου αἰεὶ νέου, τοῦ τε ἡλίου καίοντος, ἀνάγκη ἄχροά τε εἶναι καὶ πονηρὰ καὶ χολώδεα: τοῦ δὲ χειμῶνος, παγετώδεά τε καὶ ψυχρὰ καὶ τεθολωμένα ὑπό τε χιόνος καὶ παγετῶν, ὥστε φλεγματωδέστατα εἶναι καὶ βραγχωδέστατα: τοῖσι δὲ πίνουσι σπλῆνας μὲν αἰεὶ μεγάλους εἶναι καὶ μεμυωμένους, καὶ τὰς

ἀγαθός, -ή, -όν: good
αἰεί: always, forever
ἀνάγκη, ἡ: force, constraint, necessity
ἀπόρρυτος, -ον: running, flowing
ἄχροος, -ον: colorless, pallid, of a bad color
βραγχώδης, -ες: subject to hoarseness
εἰκός: likely
ἐλώδης, -ες: marshy
ἐπιφέρομαι: to supply
θερμός, -ή, -όν: hot, warm
θέρος, -εος, τό: summer
θολόω: to make turbid
καίω: to burn, heat
κακός, -ή, -όν: bad
λιμναῖος, -η, -ον: stagnant
μέρος, -εος, τό: a part, share
μυόω: to make muscular

νέος, νέη, νέον: young, fresh
ὀδμή, ἡ: a smell, odor
ὄμβριος, -ον: rainy, of rain
παγετός, ὁ: frost
παγετώδης, -ες: frosty, icy
παχύς, -εῖα, -ύ: thick
πίνω: to drink
πλεῖστος, -η, -ον: most, largest, greatest
πονηρός, -ή, -όν: bad, injurious
σπλήν, ὁ: a spleen
στάσιμος, -η, -ον: standing, stationary
συμβάλλω: to throw together, contribute
ὑγιείη, ἡ: health, soundness
φλεγματώδης, -ες: phlegmatic
χειμών, -ῶνος, ὁ: winter
χιών, -όνος, ἡ: snow
χολώδης, -ες: bilious, like bile
ψυχρός, -ή, -όν: cold, chill

εἰκὸς (sc. ἐστι): "are likely to" + inf.
πλεῖστον μέρος: acc. dir. obj. of συμβάλλεται, "for (waters) contribute *the greatest part* to health"
τοῦ θέρεος: gen. of time within which, "during the summer"
ἅτε ἐόντα: causal, "because they are not..."
τοῦ ὀμβρίου...νέου: gen. abs., "with fresh rain water always being supplied"
τοῦ ἡλίου καίοντος: gen. abs., "with the sun heating"
τοῦ χειμῶνος: gen. of time within which, "in the winter"
τεθολωμένα: perf. part. pas., "having been stirred up"
ὥστε .. εἶναι: result cl., "so that they are"
πίνουσι: pr. part. dat. of πίνω, "to those drinking"
σπλῆνας εἶναι: inf. with acc. subj., "their spleens are"
μεμυωμένους: perf. part. pas. pred., "having become muscular"

26

Superlative and Comparative Adjectives

AWP is full of superlatives--the driest, the wettest, the best, the worst--and comparatives. In the glossaries, only the positive forms have been given for adjectives whose comparative and superlative forms are predictable from the stem.

Positive	Comparative	Superlative
ὑδατεινός: wet		ὑδατεινότατα
ὑγιεινός: healthy		ὑγιεινότατα
φλεγματώδης: phlegmatic		φλεγματωδέστατα
θανατώδης: deadly		θανατωδέστατοι
ἐπιτήδειος: fit, suitable		ἐπιτηδειότατον
θολώδης: muddy, turbid		θολωδέστατον
φαῦλος: low, bad		φαυλότατα
γλυκύς: sweet		γλυκύτατα
κοῦφος: light		κουφότατα
λαμπρός: bright, clear	λαμπρότερα	λαμπρότατα
βαρύς: heavy		βαρύτατον
πονηρός: painful		πονηρότατα
παχύς: thick		παχύτατον
ἰσχυρός: strong, mighty		ἰσχυρότατον
ἄτονος: flabby	ἀτονώτερα	
ἄγριος: wild, fierce	ἀγριώτερα	
ἥμερος: tame, gentle	ἡμερώτερα	
μέτριος: within measure	μετριώτερον	
ἀσθενής: weak	ἀσθενέστερα	
τρόφιμος: healthy	τροφιμώτερα	
θεῖος: divine	θειότερον	
ἀνθρώπινος: human	ἀνθρωπινώτερον	

γαστέρας σκληράς τε καὶ λεπτὰς καὶ θερμὰς, τοὺς δὲ ὤμους
καὶ τὰς κληῖδας καὶ τὸ πρόσωπον καταλελεπτύσθαι· ἐς γὰρ
τὸν σπλῆνα αἱ σάρκες συντήκονται, διότι ἰσχνοί εἰσιν·
ἐδωδούς τε εἶναι τοὺς τοιούτους καὶ διψηρούς· τάς τε κοιλίας
ξηροτάτας τε καὶ θερμοτάτας καὶ τὰς ἄνω καὶ τὰς κάτω
ἔχειν, ὥστε τῶν φαρμάκων ἰσχυροτέρων δεῖσθαι. τοῦτο μὲν τὸ
νούσημα αὐτοῖσι σύντροφόν ἐστι καὶ θέρεος καὶ χειμῶνος.
πρὸς δὲ τούτοισιν οἱ ὕδρωπες πλεῖστοί τε γίνονται καὶ
θανατωδέστατοι· τοῦ γὰρ θέρεος δυσεντερίαι τε πολλαὶ
ἐμπίπτουσι καὶ διάρροιαι καὶ πυρετοὶ τεταρταῖοι πολυχρόνιοι·

ἄνω: up, upwards
γαστήρ, -έρος, ἡ: a belly, stomach
δέω: to lack
διάρροια, ἡ: diarrhea
διότι: for the reason that, since
διψηρός, -ή, -όν: drinking heavily
δυσεντερία, ἡ: dysentery
ἐδωδός, -όν: given to eating
ἐμπίπτω: to fall upon
θανατώδης, -ες: deadly, fatal
θερμός, -ή, -όν: hot, warm
θέρος, -εος, τό: summer
ἰσχνός, -ή, -όν: lean, meager
ἰσχυρός, -ή, -όν: strong, mighty, powerful
καταλεπτύνω: to make very thin, emaciate
κάτω: down, downwards
κλείς, κλειδός, ἡ: a clavicle, collar bone
κοιλίη, ἡ: belly, (pl.) bowels

λεπτός, -ή, -όν: thin
νούσημα, -ατος, τό: an illness, disease
ξηρός, -ή, -όν: dry
πλεῖστος, -η, -ον: most, largest
πολυχρόνιος, -ον: long-lasting
πρόσωπον, τό: a face
πυρετός, ὁ: a burning heat, fever
σάρξ, σαρκός, ἡ: flesh
σκληρός, -ή, -όν: hard
σπλήν, ὁ: a spleen
συντήκω: to fuse together, consume
σύντροφος, -ον: habitual
τεταρταῖος, -η, -ον: every four days, quartan (fever)
ὕδρωψ, -ωπος, ὁ: dropsy
φάρμακον, τό: a drug, medicine
χειμών, -ῶνος, ὁ: winter
ὦμος, ὁ: a shoulder

καταλελεπτύσθαι: perf. inf. with acc. subj., "their shoulders are emaciated"
συντήκονται: pr. pas., "the flesh is absorbed into the spleen"
τοὺς τοιούτους: acc. subj. of εἶναι, "such people are"
τάς κοιλίας: acc. subj. of ἔχειν, "their bowels are very dry"
καὶ τὰς ἄνω καὶ τὰς κάτω: "both the upper and lower bowels"
ὥστε δεῖσθαι: res. cl., "so that they need" + gen.
αὐτοῖσι: dat. of ref., "habitual for them"
θέρεος, χειμῶνος: gen. of time within which, "both in summer and in winter"
πλεῖστοί, θανατωδέστατοι: super., "very frequent and very fatal"
τοῦ θέρεος: gen. of time within which, "during the summer"

ταῦτα δὲ τὰ νοσεύματα μηκυνθέντα τὰς τοιαύτας φύσιας ἐς
ὕδρωπας καθίστησι καὶ ἀποκτείνει. ταῦτα μὲν αὐτοῖσι τοῦ
θέρεος γίνεται· τοῦ δὲ χειμῶνος, τοῖσι νεωτέροισι μὲν
περιπλευμονίαι τε καὶ μανιώδεα νοσεύματα· τοῖσι δὲ
πρεσβυτέροισι καῦσοι, διὰ τὴν τῆς κοιλίης σκληρότητα. τῇσι
δὲ γυναιξὶν οἰδήματα ἐγγίνεται καὶ φλέγμα λευκόν· καὶ ἐν
γαστρὶ ἴσχουσι μόλις, καὶ τίκτουσι χαλεπῶς· μεγάλα τε τὰ
ἔμβρυα καὶ οἰδέοντα· ἔπειτα ἐν τῇσι τροφῇσι φθινώδεά τε καὶ
πονηρὰ γίνεται· ἥ τε κάθαρσις τῇσι γυναιξὶν οὐκ ἐπιγίνεται
χρηστὴ μετὰ τὸν τόκον. τοῖσι δὲ παιδίοισι κῆλαι ἐπιγίνονται

ἀποκτείνω: to kill, slay
γαστήρ, -έρος, ἡ: a belly
γυνή, γυναικός, ἡ: a woman
ἐγγίνομαι: to be born in
ἔμβρυον, τό: a baby, infant
ἐπιγίνομαι: to follow, come into being
  after
θέρος, -εος, τό: summer
ἴσχω: to hold, keep
κάθαρσις, -ιος, ἡ: a cleansing, evacuation
καθίστημι: to set down, dispose
καῦσος, ὁ: a burning heat, fever
κήλη, ἡ: a hernia
κοιλίη, ἡ: belly, (pl.) bowels
λευκός, -ή, -όν: light, bright, white
μανιώδης, -ες: like madness, marked by
  delirium
μηκύνω: to lengthen, prolong, extend
μόλις: scarcely
νεώτερος, -η, -ον: younger
νόσευμα, -ατος, τό: sickness, disease

οἰδέω: to swell, be swollen
οἴδημα, -ατος, τό: a swelling, tumor
παίδιον, τό: a young child
περιπλευμονία, ἡ: inflammation of the
  lungs, pneumonia
πονηρός, -ή, -όν: bad, sick, in a bad state
πρεσβύτερος, -η, -ον: older
σκληρότης, -ητος, ἡ: hardness
τίκτω: to bear children
τόκος, ὁ: a bringing forth, childbirth,
  parturition
τροφή, ἡ: nourishment, food
ὕδρωψ, -ωπος, ὁ: dropsy
φθινώδης, -ες: consumptive, emaciated
φλέγμα, -ατος, τό: inflammation, phlegm
  (one of the four humors)
χαλεπός, -ή, -όν: painful, grievous,
  difficult
χειμών, -ῶνος, ὁ: winter
χρηστός, -ή, -όν: useful, good, pleasant

μηκυνθέντα: ao. pass. part., circumstantial, "these diseases, when prolonged…"
ἐς ὕδρωπας καθίστησι: "these diseases *dispose to dropsies* such constitutions"
τοῦ θέρεος: gen. of time within which, "during the summer"
τοῦ χειμῶνος: gen. of time within which, "during the winter"
φλέγμα λευκόν: leucophlegmasia (λευκοφλεγματία), a state of dropsy
ἐν γαστρὶ ἴσχουσι: "they hold in the belly" i.e. conceive
ἐν τῇσι τροφῇσι: "in their nourishment" i.e. while nursing
κάθαρσις μετὰ τὸν τόκον: referring to the lochia, or postpartum discharge.

μάλιστα, καὶ τοῖσιν ἀνδράσι κίρσοι καὶ ἕλκεα ἐν τῆσι κνήμῃσιν, ὥστε τὰς τοιαύτας φύσιας οὐχ οἷόν τε μακροβίους εἶναι, ἀλλὰ προγηράσκειν τοῦ χρόνου τοῦ ἱκνευμένου. ἔτι δὲ αἱ γυναῖκες δοκέουσιν ἔχειν ἐν γαστρί, καὶ ὁκόταν ὁ τόκος ᾖ, ἀφανίζεται τὸ πλήρωμα τῆς γαστρός· τοῦτο δὲ γίνεται ὁκόταν ὑδροπιήσωσιν αἱ ὑστέραι. τὰ μὲν τοιαῦτα ὕδατα νομίζω μοχθηρὰ εἶναι πρὸς ἅπαν χρῆμα· δεύτερα δὲ, ὅσων εἶεν αἱ πηγαὶ ἐκ πετρέων· —σκληρὰ γὰρ ἀνάγκη εἶναι— ἢ ἐκ γῆς, ὅκου θερμὰ ὕδατά ἐστιν, ἢ σίδηρος γίνεται, ἢ χαλκὸς, ἢ

ἀνάγκη, ἡ: force, constraint, necessity	νομίζω: to hold, think, believe
ἀνήρ, ἀνδρός, ὁ: a man	ὁκόταν: whenever (+ subj.)
ἅπας, -πασα, -παν: all, the whole	πέτρα, ἡ: a rock, a ledge or shelf of rock
ἀφανίζω: to disappear	πηγή, ἡ: a fount, source
γαστήρ, -έρος, ἡ: a belly	πλήρωμα, -ατος, τό: a fullness
γῆ, ἡ: earth	προγηράσκω: to grow old before
γυνή, γυναικός, ἡ: a woman	σίδηρος, ὁ: iron
δεύτερος, -η, -ον: second	σκληρός, -ή, -όν: hard
ἕλκος, -εος, τό: a wound, ulcer	τόκος, ὁ: a bringing forth, childbirth,
θερμός, -ή, -όν: hot, warm	parturition
ἱκνέομαι: to come, befit	ὑδροπιέω: to accumulate fluid
κιρσός, ὁ: enlargement of the veins,	ὑστέρα, ἡ: a womb
varicose vein	χαλκός, ὁ: copper
κνήμη, ἡ: a leg	χρῆμα, -ατος: a thing that one uses,
μακρόβιος, -ον: long-lived	purpose
μοχθηρός, -ή, -όν: miserable, wretched	χρόνος, ὁ: time

ὥστε οὐχ οἷόν τε (sc. εἶναι): res. cl., "so that it is not possible" + acc. + inf.
προγηράσκειν: also with ὥστε in res. cl., "so that they grow old"
τοῦ χρόνου τοῦ ἱκνευμένου: gen. after προ-γηράσκειν, "grow old before *the proper time*"
ἔχειν ἐν γαστρί: "they appear *to hold in the belly*" i.e. to be pregnant
ὁκόταν ... ᾖ: pr. subj. in gen. temp. cl., "whenever the birth is"
ὁκόταν ὑδροπιήσωσιν: pr. subj. in gen. temp. cl., "whenever they accumulate fluid"
εἶναι: inf. in ind. st. after νομίζω, "that such waters are useless"
πρὸς ἅπαν χρῆμα: "for every purpose"
δεύτερα: "second" (most miserable waters)
ὅσων εἶεν: pr. opt. in cond. rel cl., "(those waters) whose springs are" i.e. "if their spring are"
σίδηρος, χαλκὸς, etc.: mineral and metal deposits that affect the quality of water

ἄργυρος, ἢ χρυσὸς, ἢ θεῖον, ἢ στυπτηρίη, ἢ ἄσφαλτον, ἢ
νίτρον: ταῦτα γὰρ πάντα ὑπὸ βίης γίνονται τοῦ θερμοῦ. οὐ
τοίνυν οἷόν τε ἐκ τοιαύτης γῆς ὕδατα ἀγαθὰ γίνεσθαι, ἀλλὰ
σκληρά τε καὶ καυσώδεα, διουρεῖσθαί τε χαλεπὰ καὶ πρὸς τὴν
διαχώρησιν ἐναντία εἶναι. ἄριστα δὲ, ὁκόσα ἐκ μετεώρων
χωρίων ῥεῖ καὶ λόφων γεηρῶν: αὐτά τε γάρ ἐστι γλυκέα καὶ
λευκὰ, καὶ τὸν οἶνον φέρειν ὀλίγον οἷά τέ ἐστι: τοῦ δὲ
χειμῶνος θερμὰ γίνεται, τοῦ δὲ θέρεος ψυχρά: οὕτω γὰρ ἂν εἴη
ἐκ βαθυτάτων πηγέων. μάλιστα δὲ ἐπαινέω, ὧν τὰ ῥεύματα
πρὸς τὰς ἀνατολὰς τοῦ ἡλίου ἐρρώγασι, καὶ μᾶλλον πρὸς τὰς

ἀγαθός, -ή, -όν: good	λόφος, ὁ: a hill
ἀνατολή, ἡ: a rising, rise	μετέωρος, -ον: raised, high
ἄργυρος, ὁ: silver	νίτρον, τό: soda
ἄριστος, -η, -ον: best	οἶνος, ὁ: wine
ἄσφαλτος, ἡ: asphalt, bitumen	οἷός τε εἰμι: I am able
βαθύς, -εῖα, -ύ: deep	ὀλίγος, -η, -ον: few, little, small
βίη, ἡ: force, power, violence	πηγή, ἡ: a fount, source, spring
γεηρός, -όν: of earth, earthy	ῥεῦμα, -ατος, τό: a flow, stream, current
γλυκύς, -εῖα, ύ: sweet	ῥέω: to flow, run, stream
διαχώρησις, -ιος, ἡ: excretion	ῥήγνυμι: to break
διουρέω: to pass in urine	σκληρός, -ή, -όν: hard
ἐναντίος, -η, -ον: opposite, contrary	στυπτηρίη, ἡ: alum, vitriol
ἐπαινέω: to approve, commend	φέρω: to bear
θεῖον, τό: sulfur	χαλεπός, -ή, -όν: painful, grievous, difficult
θερμόν, τό: heat	
θερμός, -ή, -όν: hot, warm	χειμών, -ῶνος, ὁ: winter
θέρος, -εος, τό: summer	χρυσός, ὁ: gold
καυσώδης, -ες: suffering from heat, parched	χωρίον, τό: a place, spot
	ψυχρός, -ή, -όν: cold, chill
λευκός, -ή, -όν: bright, clear	

οὐ οἷόν τε (sc. ἐστιν)...γίνεσθαι: "it is not possible for good water to occur"
διουρεῖσθαι: epexegetic inf. after χαλεπὰ, " (waters) difficult to be passed in
   urine"
εἶναι: inf. with acc. subj., "but (the waters) are hard, etc."
ἄριστα (sc. ὕδατα): "but the best waters"
οἷά τέ ἐστι: "they are able to" + inf.
τοῦ χειμῶνος, τοῦ θέρεος: gen. of time within which, "during the winter, during
   the summer"
ἂν εἴη: pr. opt. pot., *they would be so (since they are) from...*"
ἐρρώγασι: perf. 3 pl. of ῥήγνυμι, "whose flows have broken"
καὶ μᾶλλον: "and even more so"

θερινάς: ἀνάγκη γὰρ λαμπρότερα εἶναι καὶ εὐώδεα καὶ κοῦφα.
ὁκόσα δέ ἐστιν ἁλυκὰ καὶ ἀτέραμνα καὶ σκληρὰ, ταῦτα μὲν
πάντα πίνειν οὐκ ἀγαθά. εἰσὶ δ' ἔνιαι φύσιες καὶ νοσεύματα, ἐς
ἃ ἐπιτήδειά ἐστι τὰ τοιαῦτα ὕδατα πινόμενα, περὶ ὧν φράσω
αὐτίκα.

The situation of water sources affects their qualities.

ἔχει δὲ καὶ περὶ τούτων ὧδε: ὁκόσων μὲν αἱ πηγαὶ πρὸς
τὰς ἀνατολὰς ἔχουσι, ταῦτα μὲν ἄριστα αὐτὰ ἑωυτέων ἐστίν:
δεύτερα δὲ τὰ μεταξὺ τῶν θερινῶν ἀνατολέων ἐστὶ τοῦ ἡλίου
καὶ δυσίων, καὶ μᾶλλον τὰ πρὸς τὰς ἀνατολάς: τρίτα δὲ τὰ
μεταξὺ τῶν δυσμέων τῶν θερινῶν καὶ τῶν χειμερινῶν:

ἀγαθός, -ή, -όν: good
ἁλυκός, -ή, -όν: salt
ἀνάγκη, ἡ: force, constraint, necessity
ἀνατολή, ἡ: a rising
ἄριστος, -η, -ον: best
ἀτέραμνος, -ον: unsoftened
αὐτίκα: straightway, at once
δεύτερος, -η, -ον: second
δύσις, -ιος, ἡ: a setting (of the sun)
δυσμή, ἡ: setting
ἔνιοι, -αι, -α: some
ἐπιτήδειος, -η, -ον: fit, suitable, convenient

εὐώδης, -ες: sweet-smelling, fragrant
θερινός, -ή, -όν: of the summer, in summer
κοῦφος, -η, -ον: light
λαμπρός, -ή, -όν: bright, clear
μεταξύ: between (+ *gen.*)
νόσευμα, -ατος, τό: sickness, disease
πηγή, ἡ: a fount, source, spring
πίνω: to drink
σκληρός, -ή, -όν: hard
τρίτος, -η, -ον: third
φράζω: to point out, show, indicate
χειμερινός, -ή, -όν: of winter, in winter

πίνειν: epexegetic inf. with ἀγαθά, "these are not good *to drink*"
ἐς ἃ: rel. pron. n. pl., "constitutions and illnesses, *for which*"
πινόμενα: pr. part. pass., circumstantial, "such waters, *when they are drunk*"
περὶ ὧν: rel. pron. gen. pl., "such waters, *about which* I will indicate"
ἔχει ὧδε: "and concerning these *it is so* (as follows)"
πρὸς τὰς ἀνατολάς: "towards the risings," i.e. eastwards
ταῦτα μὲν ἄριστα ... δεύτερα δὲ: "while the best are ... second best are..."
καὶ μᾶλλον: "and especially"

φαυλότατα δὲ τὰ πρὸς τὸν νότον καὶ τὰ μεταξὺ χειμερινῆς
ἀνατολῆς καὶ δύσιος. καὶ ταῦτα τοῖσι μὲν νοτίοισι πάνυ
πονηρά, τοῖσι δὲ βορείοισιν ἀμείνω. τούτοισι δὲ πρέπει ὧδε
χρῆσθαι: ὅστις μὲν ὑγιαίνει τε καὶ ἔρρωται, μηδὲν διακρίνειν,
ἀλλὰ πίνειν αἰεὶ τὸ παρεόν. ὅστις δὲ νούσου εἵνεκα βούλεται
τὸ ἐπιτηδειότατον πίνειν, ὧδε ἂν ποιέων μάλιστα τυγχάνοι
τῆς ὑγιείης: ὁκόσων μὲν αἱ κοιλίαι σκληραί εἰσι, καὶ συγκαίειν
ἀγαθαί, τούτοισι μὲν τὰ γλυκύτατα συμφέρει καὶ κουφότατα

ἀγαθός, -ή, -όν: good
ἀμείνων, -ον: better, abler
ἀνατολή: a rising, rise
βόρειος, -η, -ον: northern
βούλομαι: to wish
γλυκύς, -εῖα, ύ: sweet
διακρίνω: to separate, distinguish
δύσις, -ιος, ἡ: a setting (of the sun)
εἵνεκα: on account of, because of (+ gen.)
ἐπιτήδειος, -η, -ον: fit, suitable, convenient
κοιλίη, ἡ: belly, (pl.) bowels
κοῦφος, -η, -ον: light
μεταξύ: between (+ gen.)
νότιος, -η, -ον: southern
νότος, ὁ: the south
νοῦσος, ἡ: a sickness, disease

πάνυ: altogether, entirely
πάρειμι: to be near, be present
πίνω: to drink
ποιέω: to make, do
πονηρός, -ή, -όν: painful, grievous
πρέπω: to befit, suit
ῥώννυμι: to strengthen, make strong
σκληρός, -ή, -όν: hard
συγκαίω: to burn up, inflame
συμφέρω: to bring together, contribute, be useful
τυγχάνω: to hit, obtain (+ gen.)
ὑγιαίνω: to be healthy
ὑγιείη, ἡ: health, soundness
φαῦλος, -η, -ον: low, bad
χειμερινός, -ή, -όν: of or in winter
χρέομαι: to use (+ dat.)

ἀμείνω: n. pl. nom. contracted (= ἀμείνονα), "those to the north are *better*"
τούτοισι: dat. of ref. with πρέπει, "it is fitting for these (waters)"
χρῆσθαι: pr. inf. epex., "it is fitting for them *to be used* in this way"
ἔρρωται: perf. pass. ῥώννυμι with present sense, "whoever has been strengthened" i.e. is now strong
διακρίνειν: (sc. δύναται) "is able to differentiate (between beneficial and harmful waters)"
τὸ παρεόν (sc. ὕδωρ): "the water being present" i.e. whatever water is at hand
νούσου εἵνεκα: "owing to an illness"
ποιέων: pr. part. cond., "if he were to do"
ἂν τυγχάνοι: pr. opt. pot. of τυγχάνω, "whoever wishes to drink... *would obtain...*"
τῆς ὑγιείης: gen. with τυγχάνοι, "he would obtain health"
ξυγκαίειν: epexegetic inf. after ἀγαθαί, "easy *to inflame*"
τούτοισι μὲν ... τούτοισι δὲ: dat. of ref., "while to these... to those"
συμφέρει: "are a benefit to" + dat.

καὶ λαμπρότατα: ὁκόσων δὲ μαλθακαὶ αἱ νηδύες καὶ ὑγραί εἰσι καὶ φλεγματώδεες, τούτοισι δὲ τὰ σκληρότατα καὶ ἀτεραμνότατα καὶ τὰ ὑφαλικά: οὕτω γὰρ ἂν ξηραίνοιτο μάλιστα: ὁκόσα γὰρ ὕδατά ἐστιν ἕψειν ἄριστα καὶ τακερώτατα, ταῦτα καὶ τὴν κοιλίην διαλύειν εἰκὸς μάλιστα καὶ διατήκειν: ὁκόσα δέ ἐστιν ἀτέραμνα καὶ σκληρὰ καὶ ἥκιστα ἑψανά, ταῦτα δὲ συνίστησι μᾶλλον τὰς κοιλίας καὶ ξηραίνει. ἀλλὰ γὰρ ψευσάμενοι εἰσὶν οἱ ἄνθρωποι τῶν ἁλμυρῶν ὑδάτων πέρι δι' ἀπειρίην, ὅτι νομίζεται διαχωρητικά: τὰ δὲ ἐναντιώτατά ἐστι πρὸς τὴν διαχώρησιν: ἀτέραμνα γὰρ καὶ ἀνέψανα, ὥστε καὶ τὴν κοιλίην ὑπ' αὐτῶν στύφεσθαι μᾶλλον ἢ τήκεσθαι.

ἀγαθός, -ή, -όν: good
ἁλμυρός, -ή, -όν: salt, briny
ἀνέψανος, -ον: bad for cooking
ἀπειρίη, ἡ: inexperience, ignorance
ἀτέραμνος, -ον: unsoftened
διαλύω: to loosen
διατήκω: to melt, soften, relax
διαχώρησις, -ιος, ἡ: excretion
διαχωρητικός, -ή, -όν: laxative
εἰκός: likely
ἐναντίος, -η, -ον: opposite, contrary
ἑψανός, -η, ον: boiled
ἕψω: to boil
ἥκιστος, -η, -ον: least
κοιλίη, ἡ: belly, (pl.) bowels

λαμπρός, -ή, -όν: bright, clear
μαλθακός, -ή, -όν: soft
νηδύς, -ύος, ἡ: stomach, (pl.) bowels
νομίζω: to hold, think, believe
ξηραίνω: to parch, dry up
σκληρός, -ή, -όν: hard
στύφω: to draw together, constrict
συνίστημι: to set together, combine, bind
τακερός, -ή, -όν: solvent, soft
τήκω: to melt, relax
ὑγρός, -ή, -όν: wet, moist, running
ὑφαλικός, -ή, όν: salted, salty
φλεγματώδης, -ες: inflammatory, phlegmatic
ψεύδω: to cheat by lies, beguile

ἂν ξηραίνοιτο: pr. opt. pot., "for these would dry them up"
ἕψειν: epexegetic inf. with ἄριστα, "waters best *for boiling*"
διαλύειν καὶ διατήκειν: pr. inf. complementing εἰκὸς (sc. ἐστι), "these are likely *to loosen and relax*"
ψευσάμενοι εἰσὶν: pas. periphrastic, "men *are deceived* concerning salt waters"
ὑδάτων πέρι: anastrophe, "about waters"
νομίζεται: pr. pass., "they are believed to be"
ὥστε στύφεσθαι, τήκεσθαι: pass. inf. in result clause, "so the belly is constricted rather than relaxed"

How rain is the very best source of water.

[8.] καὶ περὶ μὲν τῶν πηγαίων ὑδάτων ὧδε ἔχει. περὶ δὲ τῶν ὀμβρίων καὶ ὁκόσα ἀπὸ χιόνος φράσω ὅκως ἔχει. τὰ μὲν οὖν ὄμβρια κουφότατα καὶ γλυκύτατά ἐστι καὶ λεπτότατα καὶ λαμπρότατα: τήν τε γὰρ ἀρχὴν, ὁ ἥλιος ἀνάγει καὶ ἀναρπάζει τοῦ ὕδατος τό τε λεπτότατον καὶ κουφότατον: δῆλον δὲ οἱ ἅλες ποιέουσι: τὸ μὲν γὰρ ἁλμυρὸν λείπεται αὐτοῦ ὑπὸ πάχεος καὶ βάρεος, καὶ γίνεται ἅλες: τὸ δὲ λεπτότατον ὁ ἥλιος ἀναρπάζει ὑπὸ κουφότητος: ἀνάγει δὲ τὸ τοιοῦτο οὐκ ἀπὸ τῶν ὑδάτων μοῦνον τῶν λιμναίων, ἀλλὰ καὶ ἀπὸ τῆς θαλάσσης, καὶ ἐξ ἁπάντων ἐν ὁκόσοισι ὑγρόν τι ἐστιν: ἔνεστι δὲ ἐν παντὶ χρήματι: καὶ ἐξ αὐτῶν τῶν ἀνθρώπων ἄγει τὸ

ἄγω: to lead, carry
ἁλμυρός, -ή, -όν: salt, briny
ἅλς, ἁλός, ὁ: salt
ἀνάγω: to lead up, i.e. evaporate
ἀναρπάζω: to snatch up
ἅπας, -πασα, -παν: quite all, the whole
βάρος, -εος, τό: weight
γλυκύς, -εῖα, ύ: sweet
δῆλος, -η, -ον: visible, evident
θάλασσα, ἡ: the sea
κοῦφος, -η, -ον: light
κουφότης, -ητος, ἡ: lightness
λαμπρός, -ή, -όν: bright, clear

λείπω: to leave
λεπτός, -ή, -όν: thin, fine, light
λιμναῖον, τό: a pool, marsh
μοῦνος, -η, -ον: alone, only
ὄμβριος, -ον: rainy, of rain
πάχος, -εος, τό: thickness
πηγαῖος, -η, -ον: from a well or spring
ποιέω: to make
ὑγρός, -ή, -όν: wet, moist, fluid
φράζω: to point out, show, indicate
χιών, -όνος, ἡ: snow
χρῆμα, -ατος: a thing that one uses

τῶν ὀμβρίων (sc. ὑδάτων): "rain water"
ὅκως ἔχει: "I will say *how it is*"
τήν ἀρχὴν: adverbial, "to begin with"
δῆλον: "salt makes this *evident*"
τὸ ἁλμυρὸν: "the brininess"
ὑπὸ πάχεος: "because of its thickness"
ἐν ὁκόσοισι ὑγρόν τι ἐστιν: "from all things *in which there is some moisture*"
ἔνεστι δὲ: "and (moisture) is in"
ἐν παντὶ χρήματι: "in every object"
αὐτῶν : intensive, "even from men"
ἄγει: "(the sun) leads"

λεπτότατον τῆς ἰκμάδος καὶ κουφότατον. τεκμήριον δὲ
μέγιστον, ὅταν ἄνθρωπος ἐν ἡλίῳ βαδίζῃ, ἢ καθίζῃ ἱμάτιον
ἔχων· ὁκόσα μὲν τοῦ χρωτὸς ὁ ἥλιος ἐφορᾷ, οὐχ ἱδρώῃ ἄν· ὁ
γὰρ ἥλιος ἀναρπάζει τὸ προφαινόμενον τοῦ ἱδρῶτος· ὁκόσα δὲ
ὑπὸ τοῦ ἱματίου ἐσκέπασται, ἢ ὑπ' ἄλλου του, ἱδροῖ. ἐξάγεται
μὲν γὰρ ὑπὸ τοῦ ἡλίου καὶ βιάζεται, σῴζεται δὲ ὑπὸ τῆς
σκέπης, ὥστε μὴ ἀφανίζεσθαι ὑπὸ τοῦ ἡλίου. ὁκόταν δὲ ἐς
σκιὴν ἀφίκηται, ἅπαν τὸ σῶμα ὁμοίως διιεῖ. οὐ γὰρ ἔτι ὁ
ἥλιος ἐπιλάμπει. διὰ ταῦτα δὲ καὶ σήπεται τῶν ὑδάτων
τάχιστα ταῦτα καὶ ὀδμὴν ἴσχει πονηρὴν τὸ ὄμβριον, ὅτι ἀπὸ

ἀναρπάζω: to snatch up	λεπτός, -ή, -όν: thin, light
ἀφανίζω: to make unseen, hide	ὀδμή, ἡ: a smell, scent, odor
ἀφικνέομαι: to come to, arrive	ὄμβριος, -ον: rainy, of rain
βαδίζω: to walk	ὁμοίως: similarly, alike
βιάζω: to force	ὅταν: whenever (+ subj.)
διίημι: to let pass through	πονηρός, -ή, -όν: painful, grievous,
ἐξάγω: to lead out	unpleasant
ἐπιλάμπω: to shine upon	προφαίνω: to bring forth, show
ἐφοράω: to look on	σήπω: to make rotten, foul
ἱδρόω: to sweat, perspire	σκεπάζω: to cover, shelter
ἱδρώς, -ῶτος, ὁ: sweat, perspiration	σκέπη, ἡ: a covering, shelter, protection
ἱκμάς, -άδος, ἡ: moisture, juice	σκιή, -ῆς, ἡ: a shadow, shade
ἱμάτιον, τό: a cloaks	σῴζω: to save, keep
ἴσχω: to hold, keep	τάχιστα: very quickly
καθίζω: to make to sit down, seat	τεκμήριον, τό: a sure sign, proof
κοῦφος, -η, -ον: light	χρώς, χρωτὸς, ὁ: skin

ὅταν βαδίζῃ, καθίζῃ: pr. subj. in indef. temporal clause, "whenever a man walks...
   or sits"
ὁκόσα: acc. resp., "as for the parts"
ἱδρώῃ ἄν: pr. opt. pot., "he would not sweat"
τὸ προφαινόμενον: "the appearing of sweat" i.e. as it is produced
ἐσκέπασται: perf. pass. of σκεπάζω, "what has been sheltered by the cloak"
ὑπ' ἄλλου του: "or by some other thing"
ὥστε μὴ ἀφανίζεσθαι: pr. inf. in result clause, "so that (the sweat) does not
   disappear"
ὁκόταν ... ἀφίκηται: ao. subj. in gen. temp. cl., "whenever someone arrives"
διιεῖ: pr. of δια-ίημι, "lets (sweat) pass through"
πονηρὴν: pred. acc., "an odor that is bad"

πλείστων συνῆκται καὶ συμμέμικται, ὥστε σήπεσθαι τάχιστα. ἔτι δὲ πρὸς τούτοισιν, ἐπειδὰν ἁρπασθῇ καὶ μετεωρισθῇ περιφερόμενον καὶ καταμεμιγμένον ἐς τὸν ἠέρα, τὸ μὲν θολερὸν αὐτοῦ καὶ νυκτοειδὲς ἐκκρίνεται καὶ ἐξίσταται καὶ γίνεται ἠὴρ καὶ ὀμίχλη, τὸ δὲ λαμπρότατον καὶ κουφότατον

ἁρπάζω: to snatch away, carry off
ἐκκρίνω: to pick out, separate
ἐξίστημι: to put out of its place, to change or alter utterly
ἠήρ, ἠέρος, ὁ: air
θολερός, -ή, -όν: foul, thick, turbid
καταμίγνυμι: to mix up, mingle
κοῦφος, -η, -ον: light
λαμπρός, -ή, -όν: clear

μετεωρίζω: to raise to a height
νυκτοειδής, -ές: like night, dark
ὀμίχλη, ἡ: a mist, fog
περιφέρω: to carry round
πλεῖστος, -η, -ον: most, largest
σήπω: to make rotten, foul
συμμίγνυμι: to mix together
συνάγω: to bring together, collect
τάχιστα: very quickly

ξυνῆκται: perf. pass of συν-άγω, "it has been gathered from many sources"
ξυμμέμικται: perf. pass. of συν-μίγνυμι, "it has been mixed together"
ὥστε σήπεσθαι: pass. inf. in result clause, "so it is fouled"
ἐπειδὰν ἁρπασθῇ, μετεωρισθῇ: ao. pass. subj. in indefinite temporal clause, "whenever (the water) has been carried off and has been raised up"
καταμεμιγμένον: perf. part., "and it has been thoroughly mixed"
τὸ θολερὸν (sc. μέρος) αὐτοῦ: "the foul (part) of it"

Neuter Adjectives for Abstract Nouns

The neuter singular of an adjective can be used with τὸ to create an abstract noun. *AWP* uses this frequently, sometimes where there is already a feminine abstract noun available. Here are some examples:

τὸ μὲν θολερὸν καὶ νυκτοειδὲς (muddiness and darkness)

τὸ μὲν αὐτέου λαμπρὸν καὶ κοῦφον καὶ γλυκὺ (its brightness and lightness and sweetness)

τὸ ἀνδρεῖον καὶ τὸ ταλαίπωρον καὶ τὸ ἔμπονον καὶ τὸ θυμοειδὲς (manliness and endurance and patience and spiritedness)

τὸ σφαιροειδὲς (roundness)

τό τε ἄγριον καὶ τὸ ἄμικτον (wildness and savagery)

τό τε ἄγριον καὶ τὸ θηριῶδες (wildness and brutality)

τὸ ὄμβριον (raininess)

τό τε ῥάθυμον καὶ τὸ ὑπηρόν (carelessness and drowsiness)

τὸ ἄγρυπνον (wakefulness)

αὐτοῦ λείπεται καὶ γλυκαίνεται ὑπὸ τοῦ ἡλίου καιόμενόν τε
καὶ ἑψόμενον: γίνεται δὲ καὶ τἄλλα πάντα τὰ ἑψόμενα αἰεὶ
γλυκέα. ἕως μὲν οὖν διεσκεδασμένον ᾖ καὶ μήπω συνεστήκῃ,
φέρεται μετέωρον. ὁκόταν δέ κου ἀθροισθῇ καὶ συστραφῇ ἐς
τὸ αὐτὸ ὑπὸ ἀνέμων ἀλλήλοισιν ἐναντιωθέντων ἐξαίφνης, τότε
καταρρήγνυται ᾗ ἂν τύχῃ πλεῖστον συστραφέν. τότε γὰρ
ἐοικὸς τοῦτο μᾶλλον γίνεσθαι, ὁκόταν τὰ νέφεα, ὑπὸ ἀνέμου
στάσιν μὴ ἔχοντος ὡρμημένα καὶ χωρέοντα, ἐξαίφνης

ἀθροίζω: to gather together
αἰεί: always, forever
ἀλλήλων: one another
ἄνεμος, ὁ: wind
γλυκαίνω: to sweeten
γλυκύς, -εῖα, ύ: sweet
διασκεδάννυμι: to scatter, disperse
ἐναντιόομαι: to oppose, be adverse
ἐξαίφνης: suddenly
ἐοικός: likely (+ inf.)
ἕψω: to boil, cook
ἕως: until, while
καίω: to light, heat
καταρρήγνυμι: to break down, burst

λείπω: to leave
μετέωρος, -ον: raised, high
μήπω: not yet
νέφος, -εος, τό: a cloud
ὁκόταν: whenever (+ subj.)
ὁρμάω: to set in motion, urge
πλεῖστος, -η, -ον: most, largest
στάσις, -ιος, ἡ: a standing, rest
συνίστημι: to set together, combine, unite
συστρέφω: to form together, compress
τότε: at that time, then
τυγχάνω: to hit, happen upon
φέρω: to bear
χωρέω: to carry along

γλυκέα: pred. nom., "become *sweet*"
διεσκεδασμένον ᾖ: periphrastic perf. subj. in gen. temporal clause, "when it is dispersed" we would expect ἄν after ἕως
συνεστήκῃ: perf. subj. of συν-ἵστημι, "it has not yet been combined" i.e. condensed
μετέωρον: adverbial, "it is carried *aloft*"
ὁκόταν ἀθροισθῇ, ξυστραφῇ: ao. pass. subj. in indefinite temporal clause, "whenever it is gathered together and compressed"
ἐς τὸ αὐτὸ: "compressed *into the same place*"
ἐναντιωθέντων: ao. part. of ἐν-αντιόομαι, "winds suddenly *opposed*"
ᾗ ἂν τύχῃ: ao. subj. of τυγχάνω in indefinite clause, "whenever it happens" + part.
συστραφέν: ao. pass. part. n. nom. s. of συν-τρέφω with τύχῃ, "it happens *to be compressed*"
μὴ ἔχοντος: pr. part. gen. modifying ἀνέμου, with conditional force, "by a wind *if it has no rest*" i.e. a constant wind
ὡρμημένα: perf. part. n. pl., "the clouds, *having been set in motion*"

ἀντικόψῃ πνεῦμα ἐναντίον καὶ ἕτερα νέφεα. ἐνταῦθα τὸ μὲν
πρῶτον αὐτοῦ συστρέφεται· τὰ δὲ ὄπισθεν ἐπιφέρεταί τε καὶ
οὕτω παχύνεται, καὶ μελαίνεται, καὶ συστρέφεται ἐς τὸ αὐτὸ,
καὶ ὑπὸ βάρεος καταρρήγνυται, καὶ ὄμβροι γίνονται. ταῦτα
μέν ἐστιν ἄριστα κατὰ τὸ εἰκός· δεῖται δὲ ἀφέψεσθαι, καὶ
ἀποσήπεσθαι· εἰ δὲ μὴ, ὀδμὴν ἴσχει πονηρὴν, καὶ βράγχος καὶ
βῆχες καὶ βαρυφωνίη τοῖσι πίνουσι προσίσταται.

Water from snow and ice is not good.

τὰ δὲ ἀπὸ χιόνος καὶ κρυστάλλων πονηρὰ πάντα·
ὁκόταν γὰρ ἅπαξ παγῇ, οὐκ ἔτι ἐς τὴν ἀρχαίην φύσιν

ἀντικόπτω: to beat back, resist, oppose
ἅπαξ: once
ἀποσήπομαι: to throw off impurities, purify
ἄριστος, -η, -ον: best
ἀρχαῖος, -η, -ον: primary, original
ἀφέψω: to refine by boiling
βάρος, -εος, τό: weight
βαρυφωνία, ἡ: a deepness of voice
βῆξ, βῆχος, ὁ: cough
βράγχος, ὁ: hoarseness
δέω: to need, lack
εἰκός: likely
ἐναντίος, -η, -ον: opposite, contrary
ἐνταῦθα: there, then
ἐπιφέρω: to bring upon
ἔτι: yet, hereafter
ἴσχω: to keep

καταρρήγνυμι: to break down, burst
κρύσταλλος, ὁ: ice
μελαίνω: to blacken, darken
νέφος, -εος, τό: a cloud
ὀδμή, ἡ: a smell, scent, odor
ὁκόταν: whenever (+ subj.)
ὄμβρος, ὁ: heavy rain
ὄπισθεν: behind, at the back
παχύνω: to thicken, fatten
πήγνυμι: to make solid, freeze
πίνω: to drink
πονηρός, -ή, -όν: painful, injurious, unpleasant
προσίστημι: to approach, occur to (+ dat.)
πρῶτος, -η, -ον: first
συστρέφω: to form together, compress
χιών, -όνος, ἡ: snow

ὁκόταν ... ἀντικόψῃ: ao. subj. of ἀντι-κόπτω in gen. temp. cl., "whenever clouds beat back"
τὸ πρῶτον αὐτοῦ: "the first part of it" i.e. the front of the cloud
τὰ ὄπισθεν: "the rear (of the cloud)"
ἐς τὸ αὐτὸ: "compressed *into one place*"
κατὰ τὸ εἰκός: "in all likelihood"
ἀφέψεσθαι, ἀποσήπεσθαι: compl. inf. with δεῖται, "they need *to be refined and purified*"
εἰ μὴ: protasis of simple condition, "and *if they are not* (refined and purified)..."
τοῖσι πίνουσι: pr. part. dat., "to those drinking it"
ὁκόταν παγῇ: ao. pass. subj. in indefinite temporal clause, "whenever it has been frozen once"

καθίσταται, ἀλλὰ τὸ μὲν αὐτοῦ λαμπρὸν καὶ κοῦφον καὶ γλυκὺ
ἐκκρίνεται καὶ ἀφανίζεται, τὸ δὲ θολωδέστατον καὶ
σταθμωδέστατον λείπεται. γνοίης δ' ἂν ὧδε: εἰ γὰρ βούλει,
ὅταν ᾖ χειμών, ἐς ἀγγεῖον μέτρῳ ἐγχέας ὕδωρ, θεῖναι ἐς τὴν
αἰθρίην, ἵνα πήξεται μάλιστα, ἔπειτα τῇ ὑστεραίῃ ἐσενεγκὼν
ἐς ἀλέην, ὅκου χαλάσει μάλιστα ὁ παγετός, ὁκόταν δὲ λυθῇ,
ἀναμετρεῖν τὸ ὕδωρ, εὑρήσεις ἔλασσον συχνῷ. τοῦτο
τεκμήριον, ὅτι ὑπὸ τῆς πήξιος ἀφανίζεται καὶ ἀναξηραίνεται

ἀγγεῖον, τό: vessel	καθίστημαι: to recover
αἰθρίη, ἡ: open air	κοῦφος, -η, -ον: light, nimble
ἀλέη, ἡ: a shelter, warmth	λαμπρός, -ή, -όν: bright, clear
ἀναμετρέω: to re-measure	λείπω: to leave
ἀναξηραίνω: to dry up	λύω: to loose
ἀφανίζω: to hide, (pass.) to disappear	μέτρον, τό: a measure
βούλομαι: to will, wish	παγετός, ὁ: frost, ice
γιγνώσκω: to perceive, mark, learn	πήγνυμι: to make solid, freeze
γλυκύς, -εῖα, ύ: sweet	πῆξις, -ιος, ἡ: a fixing, freezing
ἐγχέω: to pour in	σταθμώδης, -ες: full of sediment
ἐκκρίνω: to separate	συχνός, -ή, -όν: long, much
ἐλάσσων, -ον: smaller, less	τεκμήριον, τό: a sure sign, proof
ἐσφέρω: to carry into	τίθημι: to set, put, place
εὑρίσκω: to find	ὑστεραῖος, -η, -ον: on the next day
θολώδης, -ες: muddy, turbid	χαλάω: to loosen, melt
ἵνα: "where" (+ indic.)	χειμών, -ῶνος, ὁ: winter

ἐς καθίσταται: "returns into X state (acc.)."
τὸ μὲν αὐτοῦ λαμπρὸν (sc. μέρος): "the bright (part) of it"
γνοίης: 2 s. aor. opt. potential with ἄν, "you may know in this way (as follows)"
βούλει: 2 s. pr. of βούλομαι, parenthetical, "if you wish"
ὅταν ᾖ: pr. subj. in indefinite temporal clause, "when it is winter"
μέτρῳ: dat. of measure, "into a vessel *by a measured amount*"
ἐγχέας: ao. part. nom. m. s., "having poured water into"
θεῖναι: ao. inf. of τίθημι, with imper. force, "place (it)!"
ἵνα πήξεται: fut. indic., "where it will freeze best"
ἐσενεγκὼν: ao. part. m. s. of ἐς-φέρω, "having brought (it) in"
ὅκου χαλάσει: "where it will melt"
ὁκόταν λυθῇ: ao. pass. subj. in indef. temp. clause, "whenever it is melted"
ἀναμετρεῖν: inf. with imper. force, "measure!"
εὑρήσεις: 2 s. fut of εὑρίσκω, "you will discover"
συχνῷ: dat. of degree of diff. with ἔλασσον, "less *by much*"

τὸ κουφότατον καὶ λεπτότατον, οὐ τὸ βαρύτατον καὶ
παχύτατον· οὐ γὰρ ἂν δύναιτο. ταύτῃ οὖν νομίζω πονηρότατα
ταῦτα τὰ ὕδατα εἶναι τὰ ἀπὸ χιόνος καὶ κρυστάλλου, καὶ τὰ
τούτοισιν ἑπόμενα πρὸς ἅπαντα χρήματα.

An account of the diseases that are the result of drinking bad water.

[9.] περὶ μὲν οὖν ὀμβρίων ὑδάτων καὶ τῶν ἀπὸ χιόνος
καὶ κρυστάλλων οὕτως ἔχει. λιθιῶσι δὲ μάλιστα ἄνθρωποι,
καὶ ὑπὸ νεφριτίδων καὶ στραγγουρίης ἁλίσκονται καὶ
ἰσχιάδων, καὶ κῆλαι γίνονται, ὅκου ὕδατα πίνουσι
παντοδαπώτατα καὶ ἀπὸ ποταμῶν μεγάλων, ἐς οὓς ποταμοὶ
ἕτεροι ἐμβάλλουσι, καὶ ἀπὸ λίμνης, ἐς ἣν ῥεύματα πολλὰ καὶ
παντοδαπὰ ἀφικνεῦνται, καὶ ὁκόσοι ὕδασιν ἐπακτοῖσι

ἁλίσκομαι: to be taken, captured
ἅπας, -πασα, -παν: all, the whole
ἀφικνέομαι: to come to
βαρύς, -εῖα, -ύ: heavy
δύναμαι: to be able, capable
ἐμβάλλω: to throw in, put in
ἐπακτός, -ή, -όν: brought in, imported
ἕπομαι: to follow, attend
ἰσχιάς, -άδος, ἡ: sciatica, pain in the leg
κήλη, ἡ: a tumor, rupture
κοῦφος, -η, -ον: light, nimble
κρύσταλλος, ὁ: ice
λεπτός, -ή, -όν: thin, light
λιθιάω: to suffer from kidney stones
λίμνη, ἡ: a pool, lake

νεφρῖτις, -ιδος, ἡ: nephritis, kidney
  disease
νομίζω: to hold, think, believe
ὄμβριος, -ον: rainy, of rain
παντοδαπός, -ή, -όν: of every kind, of all
  sorts
παχύς, -εῖα, -ύ: thick
πίνω: to drink
πονηρός, -ή, -όν: painful, grievous,
  injurious
ποταμός, ὁ: a river, stream
ῥεῦμα, -ατος, τό: a flow, stream, current
στραγγουρίη, ἡ: retention of urine,
  strangury
χιών, -όνος, ἡ: snow
χρῆμα, -ατος, τό: a thing that one uses

ἂν δύναιτο: potential opt., "for it is not possible (to do this)" i.e. to dry up the
  heavy portion of the water
ταύτῃ: dat., "for this reason"
τὰ ἑπόμενα: pr. part., "the ones following these" i.e. similar to these
πρὸς ἅπαντα χρήματα: "for all purposes"
οὕτως ἔχει: "it is so"
ἐς οὕς: rel. pron., "from rivers *into which*"
ἐς ἥν: rel. pron., "a pool *into which*"
ὕδασιν ἐπακτοῖσι: dat. with χρέονται, "they use *imported waters*"

χρέονται διὰ μακροῦ ἀγομένοισι, καὶ μὴ ἐκ βραχέος. οὐ γὰρ
οἷόν τε ἕτερον ἑτέρῳ ἐοικέναι ὕδωρ, ἀλλὰ τὰ μὲν γλυκέα
εἶναι, τὰ δὲ ἁλυκά τε καὶ στυπτηριώδεα, τὰ δὲ ἀπὸ θερμῶν
ῥεῖν. συμμισγόμενα δὲ ταῦτα ἐς τωὐτὸ ἀλλήλοισι στασιάζει,
καὶ κρατεῖ αἰεὶ τὸ ἰσχυρότατον. ἰσχύει δὲ οὐκ αἰεὶ τὠυτό, ἀλλ᾽
ἄλλοτε ἄλλο κατὰ τὰ πνεύματα· τῷ μὲν γὰρ βορέης τὴν ἰσχὺν
παρέχεται, τῷ δὲ ὁ νότος, καὶ τῶν λοιπῶν πέρι ὡυτὸς λόγος.
ὑφίστασθαι οὖν τοῖσι τοιούτοισιν ἀνάγκη ἐν τοῖς ἀγγείοις ἰλὺν

ἀγγεῖον, τό: vessel
ἄγω: to lead, carry, bring
αἰεί: always, for ever
ἀλλήλων: one another
ἄλλοτε: at other times
ἁλυκός, -ή, -όν: salt, salty
ἀνάγκη, ἡ: force, necessity
βορέης, -ου, ὁ: the north (wind)
βραχύς, -εῖα, -ύ: short
γλυκύς, -εῖα, ύ: sweet
ἔοικα: to be like (+ dat.)
θερμός, -ή, -όν: hot, warm
ἰλύς, ἡ: mud, dirt
ἰσχυρός, -ή, -όν: strong, mighty
ἰσχύς, -ύος, ἡ: strength

ἰσχύω: to be strong, prevail
κρατέω: to prevail
λόγος, ὁ: a word, account
λοιπός, -ή, -όν: remaining, the rest
μακρός, -ή, -όν: long
νότος, ὁ: the south (wind)
οἷον τε ἐστι: it is possible (+ inf.)
παρέχω: to furnish, provide, supply
ῥέω: to flow, run, stream
στασιάζω: to disagree, be at odds
στυπτηριώδης, -ες: containing alum
συμμίγνυμι: to mix together
ὑφίστημι: to place or set under
χρέομαι: to use (+ dat.)

διὰ μακροῦ: "over a great distance"
ἀγομένοισι: pr. part. dat., "waters that are brought"
οὐ οἷον (sc. ἐστι): "one water cannot" + inf.
ἐοικέναι: perf. inf., "to be similar" + dat.
ἑτέρῳ: "to be similar *to another*"
τὰ μὲν...τὰ δὲ: "some waters...others" acc. subj. of εἶναι and ῥεῖν
ἀπὸ θερμῶν (sc. πηγῶν): "some flow *from hot springs*"
συμμισγόμενα: pr. part. n. pl. of συν-μίγνυμι, circumstantial, "these, when they
    are mixed together..."
ἐς τωὐτὸ (=τὸ αὐτό): "into the same thing"
κατὰ τὰ πνεύματα: "depending on the winds"
τῷ μὲν...τῷ δὲ: "to one...to another"
λοιπῶν πέρι: anastrophe, "about the others'
ὡυτὸς (= ὁ αὐτός): "the same account"
ὑφίστασθαι: pr. inf. with ἀνάγκη, "it is necessary for X (dat.) to deposit"

καὶ ψάμμον· καὶ ἀπὸ τούτων πινευμένων τὰ νουσήματα γίνεται
τὰ προειρημένα· ὅτι δὲ οὐχ ἅπασιν, ἐξῆς φράσω.

Further considerations about the causes of problems of the bowels.

ὁκόσων μὲν ἥ τε κοιλίη εὔροός τε καὶ ὑγιηρή ἐστι, καὶ
ἡ κύστις μὴ πυρετώδης, μηδὲ ὁ στόμαχος τῆς κύστιος
συμπέφρακται λίην, οὗτοι μὲν διουρεῦσι ῥηϊδίως, καὶ ἐν τῇ
κύστει οὐδὲν συστρέφεται· ὁκόσων δὲ ἂν ἡ κοιλίη πυρετώδης
ᾖ, ἀνάγκη καὶ τὴν κύστιν τὠυτὸ πάσχειν· ὁκόταν γὰρ
θερμανθῇ μᾶλλον τῆς φύσιος, ἐφλέγμηνεν αὐτῆς ὁ στόμαχος·

ἀνάγκη, ἡ: force, constraint, necessity	πίνω: to drink
ἅπας, -πασα, -παν: all, the whole	προλέγω: to say before
διουρέω: to pass urine	πυρετώδης, -ες: feverish, hot
ἐξῆς: in order, in a row	ῥηϊδίως: easily, readily
εὔροος, -ον: flowing well	στόμαχος, ὁ: a mouth, opening
θερμαίνω: to warm, heat	συμφράσσω: to press together, block up
κοιλίη, ἡ: belly, (pl.) bowels	συστρέφω: to form together, compress
κύστις, -ιος, ἡ: a bladder	ὑγιηρός, -ή, -όν: wholesome, healthy
λίην: very, exceedingly	φλεγμαίνω: to be inflamed, be swollen
νούσημα, -ατος, τό: an illness, disease	φράζω: to point out, show, indicate
πάσχω: to suffer	ψάμμος, ἡ: sand

πινευμένων: pr. part. pass., "from these being drunk"
προειρημένα: perf. part. n. pl. of προ-λέγω, "the aforementioned diseases"
ἅπασιν: dat. of ref., "that it is not so *for all*"
ὁκόσων μὲν ... ὁκόσων δὲ: gen. pl., "of those whose... of others whose"
συμπέφρακται: perf. of συν-φράσσω, "the opening of the bladder *has not been blocked*"
συστρέφεται: pr. pass., "nothing is *formed together* in the bladder" i.e. an obstruction
ὁκόσων ἂν ... ᾖ: pr. subj. in. gen. rel. cl., "whosoever bowels are..."
τὠυτὸ (= τὸ αὐτό): "the bladder must suffer *the same thing*"
θερμανθῇ: ao. pass. subj. in indefinite temporal clause with ὁκόταν, "whenever it (i.e. the bladder) is heated"
τῆς φύσιος: gen. of comparison with μᾶλλον, "more than *nature*" i.e. to a greater degree than is normal
ἐφλέγμηνεν: 3 s. ao., "the opening *is inflamed*"
αὐτῆς: referring to the bladder, "*its* opening"

ὁκόταν δὲ ταῦτα πάθῃ, τὸ οὖρον οὐκ ἀφίησιν, ἀλλ' ἐν ἑωυτῇ
συνέψει καὶ συγκαίει. καὶ τὸ μὲν λεπτότατον αὐτοῦ
ἀποκρίνεται καὶ τὸ καθαρώτατον διιεῖ καὶ ἐξουρεῖται, τὸ δὲ
παχύτατον καὶ θολωδέστατον συστρέφεται καὶ συμπήγνυται·
καὶ τὸ μὲν πρῶτον μικρόν, ἔπειτα δὲ μέζον γίνεται·
κυλινδεύμενον γὰρ ὑπὸ τοῦ οὔρου, ὅ τι ἂν συνίστηται παχύ,
συναρμόζει πρὸς ἑωυτό· καὶ οὕτως αὔξεταί τε καὶ πωροῦται.
καὶ ὁκόταν οὐρῇ, πρὸς τὸν στόμαχον τῆς κύστιος προσπίπτει
ὑπὸ τοῦ οὔρου βιαζόμενον, καὶ κωλύει οὐρεῖν, καὶ ὀδύνην
παρέχει ἰσχυρήν· ὥστε τὰ αἰδοῖα τρίβουσι καὶ ἕλκουσι τὰ

αἰδοῖα, τά: genitals
ἀποκρίνω: to separate, set apart
αὔξω: to make large, increase, augment
ἀφίημι: to send forth, discharge
βιάζω: to constrain, force
διίημι: to discharge
ἕλκω: to draw, pull
ἐξουρέω: to pass with urine
ἔπειτα: thereupon, then
θολώδης, -ες: muddy, turbid
ἰσχυρός, -ή, -όν: strong, mighty
καθαρός, -ή, -όν: clear, clean
κυλινδέω: to roll around
κύστις, -ιος, ἡ: the bladder
κωλύω: to hinder, check, prevent
λεπτός, -ή, -όν: thin, light
μικρός, -ή, -όν: small, little

ὀδύνη, ἡ: bodily pain
οὐρέω: to urinate
οὖρον, τό: urine
παρέχω: to furnish, provide, supply
πάσχω: to experience, suffer
παχύς, -εῖα, -ύ: thick, stout
προσπίπτω: to fall upon
πρῶτος, -η, -ον: first
πωρόω: to petrify, harden
στόμαχος, ὁ: a mouth, opening
συγκαίω: to overheat
συμπήγνυμι: to make solid, congeal
συναρμόζω: to fit together
συνέψω: to boil together
συνίστημι: to combine, become
συστρέφω: to form together, compress
τρίβω: to rub

ὁκόταν πάθῃ: ao. subj. in indefinite temporal clause, "whenever it experiences
 these things"
ἐν ἑωυτῇ (= ἑαυτῇ): "within it (the bladder)"
αὐτοῦ: "of it (the urine)"
διιεῖ: pr. of διὰ-ίημι, "discharges"
τὸ μὲν πρῶτον ... ἔπειτα: "at first ... then"
ὅ τι ἂν ξυνίστηται: pr. subj. in gen. rel. cl., "whatever becomes solid"
ὁκόταν οὐρῇ: pr. subj. in gen. temp. cl., "when someone urinates"
οὐρεῖν: objective inf. with κωλύει, "it prevents *urination*"
ὥστε τρίβουσι: the indic. shows an actual result, "so that they rub"

παιδία τὰ λιθιῶντα· δοκεῖ γὰρ αὐτοῖς τὸ αἴτιον ἐνταῦθα εἶναι
τῆς οὐρήσιος. τεκμήριον δέ, ὅτι οὕτως ἔχει· τὸ γὰρ οὖρον
λαμπρότατον οὐρέουσιν οἱ λιθιῶντες, ὅτι τὸ παχύτατον καὶ
θολωδέστατον αὐτοῦ μένει καὶ συστρέφεται: τὰ μὲν πλεῖστα
οὕτω λιθιᾷ. γίνεται δὲ παισὶν καὶ ἀπὸ τοῦ γάλακτος, ἢν μὴ
ὑγιηρὸν ᾖ, ἀλλὰ θερμόν τε λίην καὶ χολῶδες. τὴν γὰρ κοιλίην
διαθερμαίνει καὶ τὴν κύστιν, ὥστε τὸ οὖρον συγκαιόμενον
ταῦτα πάσχειν. καὶ φημὶ ἄμεινον εἶναι τοῖσι παιδίοισι τὸν
οἶνον ὡς ὑδαρέστατον διδόναι· ἧσσον γὰρ τὰς φλέβας συγκαίει
καὶ συναναίνει. τοῖσι δὲ θήλεσι λίθοι οὐ γίνονται ὁμοίως: ὁ

αἴτιον, τό: a cause
ἀμείνων, -ον: better, abler
γάλα, γάλακτος, τό: milk
διαθερμαίνω: to warm through
δίδωμι: to give
ἐνταῦθα: here, there
ἥσσων, -ον: less
θερμός, -ή, -όν: hot, warm
θῆλυς, θήλεια, θῆλυ: female
θολώδης, -ες: muddy, turbid
κοιλίη, ἡ: belly, (pl.) bowels
κύστις, -ιος, ἡ: the bladder
λαμπρός, -ή, -όν: bright, clear
λίην: very, exceedingly
λιθιάω: to suffer from a stone
λίθος, ὁ: a stone
μένω: to stay, remain
οἶνος, ὁ: wine
ὁμοίως: similarly, in the same way

οὐρέω: to urinate, pass as urine
οὔρησις, -ιος, ἡ: a making water, urination
οὖρον, τό: urine
παίδιον, τό: a young child
παῖς, παιδός, ὁ: a child
πάσχω: to experience, suffer
παχύς, -εῖα, -ύ: thick
πλεῖστος, -η, -ον: most, largest
συγκαίω: to overheat
συναναίνω: to dry up
συστρέφω: to form together, compress
τεκμήριον, τό: a sure sign, proof
ὑγιηρός, -ή, -όν: wholesome, healthy
ὑδαρής, -ές: mixed with water, diluted
φημί: to declare, make known
φλέψ, φλεβός, ἡ: a vein
χολώδης, -ες: bilious

λιθιῶντα: pr. part. nom. n. pl. modifying παιδία, "boys suffering with stones"
τὸ αἴτιον: the subj. of δοκεῖ, "the cause seems to them" + inf.
ὅτι οὕτως ἔχει: "here is proof *that this is so*"
λαμπρότατον: pred. acc., "urine that is *very clear*"
γίνεται: "(stones) happen to" + dat.
ᾖ: 3 s. subj. in general protasis with ἢν (= ἐάν), "if it (the milk) is not healthy"
ὥστε πάσχειν: pr. inf. in result cl., "so the overheated urine undergoes these things"
ὡς ὑδαρέστατον: "wine *as diluted as possible*"
διδόναι: pr. epex. inf. after ἄμεινον, "better *to give*"

γὰρ οὐρητὴρ βραχύς ἐστιν ὁ τῆς κύστιος καὶ εὐρύς, ὥστε
βιάζεσθαι τὸ οὖρον ῥηϊδίως· οὔτε γὰρ τῇ χειρὶ τρίβει τὸ
αἰδοῖον ὥσπερ τὸ ἄρσεν, οὔτε ἅπτεται τοῦ οὐρητῆρος· ἐς γὰρ
τὰ αἰδοῖα συντέτρηνται, οἱ δὲ ἄνδρες οὐκ εὐθὺ τέτρηνται, καὶ
διότι οἱ οὐρητῆρες εἰσιν οὐκ εὐρεῖς· καὶ πίνουσι πλεῖον ἢ οἱ
παῖδες.

The effects on health of weather in various seasons.

[10] περὶ μὲν οὖν τούτων ὧδε ἔχει, ἢ ὅτι τούτων
ἐγγύτατα. περὶ δὲ τῶν ὠρέων ὧδε ἄν τις ἐνθυμεύμενος

αἰδοῖα, τά: genitals
ἀνήρ, ἀνδρός, ὁ: a man
ἅπτω: to fasten, (pass.) to touch
ἄρσεν, -ενος, τό: a male
βιάζω: to constrain, force
βραχύς, -εῖα, -ύ: short
διότι: for the reason that, since
ἐγγύτατα: very near (+ gen.)
ἐνθυμέομαι: consider well, ponder
εὐθύς, -εῖα, -ύ: straight
εὐρύς, -εῖα, -ύ: wide, broad
κύστις, -ιος, ἡ: a bladder

οὐρητήρ, -ῆρος, ὁ: urethra
οὖρον, τό: urine
παῖς, παιδός, ὁ: a child, boy
πίνω: to drink
πλείων, -ον: more
ῥηϊδίως: easily, readily
συντετραίνω: to unite by a channel
τετραίνω: to pierce, perforate
τρίβω: to rub
χείρ, χειρός, ἡ: the hand
ὧδε: so, thus
ὥρη, ἡ: season

ὥστε βιάζεσθαι: pr. inf. in result clause, "so the urine is forced easily"
οὔτε... οὔτε: "neither...nor"
τῇ χειρὶ: dat. of means, "they do not rub *with the hand*"
ὥσπερ τὸ ἄρσεν: "as a male (does)"
τοῦ οὐρητῆρος: gen. after ἅπτεται, "nor do they touch *the urethra*"
συντέτρηνται (sc. οἱ οὐρητῆρες): perf., "(their urethras) are opened directly into
    the genitals"
πλεῖον ἢ: "(females) drink *more than* boys"
ὧδε ἔχει: "it is so"
τούτων ἐγγύτατα: "or something *very near to these things*"
ἐνθυμεύμενος: pr. part. pass., cond., modifying τις and taking the place of a pr.
    opt. in the protasis, "if one were to consider"

46

διαγινώσκοι ὁκοῖόν τι μέλλει ἔσεσθαι τὸ ἔτος, εἴτε νοσερὸν,
εἴτε ὑγιηρόν. ἢν μὲν γὰρ κατὰ λόγον γένηται τὰ σημεῖα ἐπὶ
τοῖσι ἄστροισι δύνουσί τε καὶ ἐπιτέλλουσιν, ἔν τε τῷ
μετοπώρῳ ὕδατα γένηται, καὶ ὁ χειμὼν μέτριος, καὶ μήτε λίην
εὔδιος, μήτε ὑπερβάλλων τὸν καιρὸν τῷ ψύχει, ἔν τε τῷ ἦρι
ὕδατα γένηται ὡραῖα, καὶ ἐν τῷ θέρει, οὕτω τὸ ἔτος
ὑγιεινότατον εἰκὸς εἶναι. ἢν δὲ ὁ μὲν χειμὼν αὐχμηρὸς καὶ
βόρειος γένηται, τὸ δὲ ἦρ ἔπομβρον καὶ νότιον, ἀνάγκη τὸ
θέρος πυρετῶδες γίνεσθαι καὶ ὀφθαλμίας καὶ δυσεντερίας
ἐμποιεῖν. ὁκόταν γὰρ τὸ πνῖγος ἐπιγένηται ἐξαίφνης, τῆς τε

ἀνάγκη, ἡ: force, constraint, necessity
ἄστρον, τό: a star
αὐχμηρός, -ή, -όν: dry
βόρειος, -η, -ον: northern
διαγιγνώσκω: to distinguish, discern
δύνω: to set
δυσεντερία, ἡ: dysentery
εἰκός: likely
εἴτε... εἴτε: whether...or
ἐμποιέω: to make in, cause
ἐξαίφνης: suddenly
ἐπιγίνομαι: to supervene, come about, befall
ἐπιτέλλω: to rise
ἔπομβρος, -ον: very rainy
ἔτος, -εος, τό: a year
εὔδιος, -ον: calm, fine, mild
ἦρ, ἦρος, τό: spring
θέρος, -εος, τό: summer
καιρός, ὁ: due measure, proportion, fitness

λίην: very, exceedingly
μέλλω: to be about to, be going to (+ *inf.*)
μετόπωρον, τό: autumn
μέτριος, -η, -ον: within measure, moderate
νοσερός, -ή, -όν: of sickness, diseased
νότιος, -η, -ον: southern
ὁκοῖος, -η, -ον: of what sort, what kind
ὀφθαλμία, ἡ: ophthalmia, inflammation of the eye
πνῖγος, -εος, τό: a stifling heat
πυρετώδης, -ες: feverish, full of fevers
σημεῖον, τό: a sign, a mark, token
ὑγιεινός, -ή, -όν: wholesome, sound, healthy
ὑγιηρός, -ή, -όν: wholesome, healthy
ὑπερβάλλω: to throw over, exceed
χειμών, -ῶνος, ὁ: winter
ψῦχος, -εος, τό: cold
ὡραῖος, -η, -ον: timely, seasonable

ἄν διαγινώσκοι: pres. opt. in fut. less vivid apodosis, "one would discern"
ἔσεσθαι: fut. inf. complementary with μέλλει, "of what sort the year is going *to be*"
κατὰ λόγον: "according to principle"
ἢν γένηται: 3 s. ao. subj. in protasis of pr. general cond., "if the signs occur ... if there are waters, etc."
τῷ ψύχει: dat. of specification, "nor exceeding due measure *wish respect to cold*" i.e. being too cold
ὁκόταν ἐπιγένηται: ao. subj. in gen. temp. cl., "whenever the stifling heat happens suddenly"
εἰκὸς εἶναι: (sc. ἐστι): "then the year is likely to be"

γῆς ὑγρῆς ἐούσης ὑπὸ τῶν ὄμβρων τῶν ἐαρινῶν καὶ ὑπὸ τοῦ
νότου, ἀνάγκη διπλόον τὸ καῦμα εἶναι ὑπό τε τῆς γῆς
διαβρόχου ἐούσης καὶ θερμῆς καὶ ὑπὸ τοῦ ἡλίου καίοντος, τῶν
τε κοιλιῶν μὴ συνεστηκυιῶν τοῖς ἀνθρώποις, μήτε τοῦ
ἐγκεφάλου ἀνεξηρασμένου — οὐ γὰρ οἷόν τε, τοῦ ἦρος
τοιούτου ἐόντος, μὴ οὐ πλαδᾶν τὸ σῶμα καὶ τὴν σάρκα —
ὥστε τοὺς πυρετοὺς ἐπιπίπτειν ὀξυτάτους ἅπασιν, μάλιστα δὲ
τοῖσι φλεγματίῃσι. καὶ δυσεντερίας εἰκός ἐστι γίνεσθαι καὶ
τῇσι γυναιξὶ καὶ τοῖσιν εἴδεσι τοῖσιν ὑγροτάτοισι. καὶ ἢν μὲν
ἐπὶ κυνὸς ἐπιτολῇ ὕδωρ ἐπιγένηται καὶ χειμών, καὶ οἱ ἐτησίαι

ἀνάγκη, ἡ: force, constraint, necessity
ἀναξηραίνω: to dry up
ἅπας, -πασα, -παν: all, the whole
γυνή, γυναικός, ἡ: a woman
διάβροχος, -ον: very wet, moist
διπλόος, -η, -ον: twofold, double
δυσεντερία, ἡ: dysentery
ἐαρινός, ή, όν: of spring
ἐγκέφαλος, ὁ: brain
εἶδος, -εος, τό: figure, type, constitution
εἰκός: likely
ἐπιγίνομαι: to supervene, come about, befall
ἐπιπίπτω: to fall upon, attack
ἐπιτολή, ἡ: rising (of a star)
ἐτησίαι, οἱ: Etesians, annual winds
ἦρ, ἦρος, τό: spring

θερμός, -ή, -όν: hot, warm
καίω: to burn, heat
καῦμα, -ατος, τό: a heat
κοιλίη, ἡ: belly, (pl.) bowels
κύων, κυνὸς, ὁ: the dog star, Sirius
νότος, ὁ: the south wind
οἷόν τε ἐστι: it is possible (+ inf.)
ὄμβρος, ὁ: a heavy rain, shower
ὀξύς, -εῖα, -ύ: sharp, keen, acute
πλαδάω: to be flaccid, be flabby
πυρετός, ὁ: a burning heat, fever
σάρξ, σαρκός, ἡ: flesh
συνίστημι: make solid, brace
ὑγρός, -ή, -όν: wet, moist
φλεγματίας, -ου, ὁ: phlegmatic
χειμών, -ῶνος, ὁ: winter

τῆς γῆς ὑγρῆς ἐούσης: gen. abs., "with the ground being wet"
τῶν ἐαρινῶν: an attributive phrase, "by the spring rains"
ὑπό ἐούσης καὶ καίοντος: pr. part. gen., "by the earth being ... and by the sun burning"
συνεστηκυιῶν: perf. part. gen abs., "bowels not *having become solid*"
ἀνεξηρασμένου: perf. part. gen abs., "brain *having become dry*"
τοῦ ἦρος τοιούτου ἐόντος: gen. abs., "the spring being such"
μὴ οὐ πλαδᾶν: pr. inf., "it is not possible for the body *not to be flabby*" μὴ οὐ + inf. is regular after a neg. main clause, resulting in a strong positive assertion
ὥστε ἐπιπίπτειν: inf. showing potential result, "so that fevers fall upon all"
τοῖσιν εἴδεσι τοῖσιν ὑγροτάτοισιν: "(those of) the wettest constitutions"
ἢν ἐπιγένηται: ao. subj. in pr. gen. cond., "if rain occurs"

πνεύσωσιν, ἐλπὶς παύσασθαι, καὶ τὸ μετόπωρον ὑγιηρὸν
γενέσθαι: ἢν δὲ μὴ, κίνδυνος θανάτους τε γενέσθαι τοῖσι
παιδίοισι καὶ τῇσι γυναιξὶν, τοῖσι δὲ πρεσβύτῃσιν ἥκιστα, τούς
τε περιγενομένους ἐς τεταρταίους ἀποτελευτᾶν, καὶ ἐκ τῶν
τεταρταίων ἐς ὕδρωπας. ἢν δ' ὁ χειμὼν νότιος γένηται καὶ
ἔπομβρος καὶ εὔδιος, τὸ δὲ ἦρ βόρειόν τε καὶ αὐχμηρὸν καὶ
χειμέριον, πρῶτον μὲν τὰς γυναῖκας, ὁκόσαι ἂν τύχωσιν ἐν
γαστρὶ ἔχουσαι, καὶ ὁ τόκος αὐτῇσιν ᾖ πρὸς τὸ ἦρ,
ἐκτιτρώσκεσθαι· ὁκόσαι δ' ἂν καὶ τέκωσιν, ἀκρατέα τὰ παιδία

ἀκρατής, -ές: powerless, weak
ἀποτελευτάω: to end up in (ἐς + acc.)
αὐχμηρός, -ή, -όν: dry, dusty, rough
βόρειος, -η, -ον: northern
γαστήρ, -έρος, ἡ: belly
γυνή, γυναικός, ἡ: a woman
ἐκτιτρώσκω: to miscarry
ἐλπίς, -ίδος, ἡ: hope, expectation
ἔπομβρος, -ον: very rainy
εὔδιος, -ον: calm, clear, mild
ἥκιστος, -η, -ον: least
ἦρ, ἦρος, τό: spring
θάνατος, ὁ: death
κίνδυνος, ὁ: a danger
μετόπωρον, τό: autumn

νότιος, -η, -ον: wet, moist, damp
παίδιον, τό: a young child
παύομαι: to cease
περιγίνομαι: to be superior to, overcome
πνέω: to blow
πρεσβύτης, -ου, ὁ: an old man
τεταρταῖος, -η, -ον: every four days,
     quartan (fever)
τίκτω: to bear, give birth
τόκος, ὁ: childbirth, parturition
τυγχάνω: to happen to (+ part.)
ὑγιηρός, -ή, -όν: healthy, wholesome
ὕδρωψ, -ωπος, ὁ: dropsy
χειμέριος, -η, -ον: wintry, stormy
χειμών, -ῶνος, ὁ: winter

πνεύσωσιν: ao. subj., "and (if) the Etesian winds blow"
ἐλπὶς: "there is hope that" + inf.
παύσασθαι, γενέσθαι: note the timelessness of the aorist inf., "that they will cease
     and the autumn will become"
κίνδυνος: "there is a danger that" + acc. + inf.
τούς περιγενομένους: ao. part. acc. subj. of inf. ἀποτελευτᾶν, "*that those who
     survive* end up getting a fever"
τὰς γυναῖκας: acc. subj. of ἐκτιτρώσκεσθαι, "the women miscarry"
ἂν τύχωσιν: ao. subj. in gen. rel. clause, "whoever happens to" + part.
ἐν γαστρὶ ἔχουσαι: i.e. be pregnant
καὶ ὁ τόκος ᾖ: pr. subj. in gen. temp. cl., "and (whenever) the delivery is"
ἂν τέκωσιν: ao. subj. in gen. rel. clause, "whoever gives birth"

τίκτειν καὶ νοσώδεα, ὥστε ἢ αὐτίκα ἀπόλλυσθαι, ἢ ζῶσι λεπτά τε ἐόντα καὶ ἀσθενέα καὶ νοσώδεα. ταῦτα μὲν τῆσι γυναιξίν. τοῖσι δὲ λοιποῖσι δυσεντερίας, καὶ ὀφθαλμίας ξηράς καὶ ἐνίοισι καταρρόους ἀπὸ τῆς κεφαλῆς ἐπὶ τὸν πλεύμονα.

ἀπόλλυμι: to destroy utterly, kill, slay
ἀσθενής, -ές: without strength, weak, feeble
αὐτίκα: at once
δυσεντερία, ἡ: dysentery
ἔνιοι, -αι, -α: some
ζάω: to live
κατάρροος, ὁ: a catarrh, inflammation of the nose and throat

κεφαλή, ἡ: a head
λεπτός, -ή, -όν: small, puny
λοιπός, -ή, -όν: remaining, the rest
νοσώδης, -ες: sickly, diseased
ξηρός, -ή, -όν: dry
ὀφθαλμία, ἡ: ophthalmia, an inflammation of the eye
πλεύμων, -ονος, ὁ: lung
τίκτω: to bear, give birth

τίκτειν: inf. for indic., "the women give birth to"

ὥστε ἢ ἀπόλλυσθαι, ἢ ζῶσι: result cl., "so that they either die or they live...." note the variation between inf. and indic.

δυσεντερίας: acc. (sc. εἶναι), "for the rest *there are dysentery* and eye inflammations"

Result Clauses

ὥστε introduces result clauses either with an infinitive or with a finite verb.

ὥστε + indicative often emphasizes the actual occurrence of the result. Both time and aspect are indicated by the form of the verb.

καὶ ὀδύνην παρέχει ἰσχυρήν ὥστε τὰ αἰδοῖα τρίβουσι: "and it causes strong pain, with the result that they rub their genitals"

ὥστε + infinitive indicates a possible or intended result, without emphasizing its actual occurrence. The infinitive does not express time, but only aspect.

ὥστε ἐξαίφνης τοὺς μὲν ἀπόλλυσθαι, τοὺς δὲ παραπλήκτους γίνεσθαι: "so that some die suddenly, while others become paralyzed"

Just as *AWP* makes frequent use of the indefinite form of relative and temporal clauses (with ἄν + subjunctive) to indicate generalized relationships, so too ὥστε + infinitive is used frequently to indicate typical or general results, rather than actual results. Note the following example where the two forms are mixed:

ὥστε ἢ αὐτίκα ἀπόλλυσθαι, ἢ ζῶσι λεπτά τε ἐόντα καὶ ἀσθενέα καὶ νοσώδεα: "so that they either die immediately or they continue living, but weak and sickly"

τοῖσι μὲν οὖν φλεγματίῃσι τὰς δυσεντερίας εἰκὸς γίνεσθαι, καὶ
τῇσι γυναιξὶ, φλέγματος ἐπικαταρρυέντος ἀπὸ τοῦ ἐγκεφάλου,
διὰ τὴν ὑγρότητα τῆς φύσιος· τοῖσι δὲ χολώδεσιν ὀφθαλμίας
ξηρὰς, διὰ τὴν θερμότητα καὶ ξηρότητα τῆς σαρκός· τοῖσι δὲ
πρεσβύτῃσι καταρρόυς, διὰ τὴν ἀραιότητα καὶ τὴν ἔκτηξιν
τῶν φλεβῶν, ὥστε ἐξαίφνης τοὺς μὲν ἀπόλλυσθαι, τοὺς δὲ
παραπλήκτους γίνεσθαι τὰ δεξιὰ ἢ τὰ ἀριστερά. ὁκόταν γὰρ,
τοῦ χειμῶνος ἐόντος νοτίου, καὶ θερμοῦ τοῦ σώματος, μὴ
ξυνίστηται ὁ ἐγκέφαλος μηδὲ φλέβες, τοῦ ἦρος ἐπιγενομένου

αἷμα, -ατος, τό: blood
ἀπόλλυμαι: to die
ἀραιότης, -ητος, ἡ: looseness,
   porousness, flabbiness
ἀριστερός, -ή, -όν: left, on the left side
γυνή, γυναικός, ἡ: a woman
δεξιός, -ή, -όν: right, on the right side
δυσεντερία, ἡ: dysentery
ἐγκέφαλος, ὁ: brain
εἰκός: likely
ἔκτηξις, -ιος, ἡ: a melting away,
   attenuation
ἐξαίφνης: suddenly
ἐπιγίνομαι: to supervene, come about,
   befall
ἐπικαταρρέω: to run down
ἦρ, ἦρος, τό: spring
θερμός, -ή, -όν: hot, warm
θερμότης, -ητος, ἡ: heat

κατάρροος, ὁ: a catarrh, inflammation of
   the nose and throat
νότιος, -η, -ον: wet, moist, damp
ξηρός, -ή, -όν: dry
ξηρότης, -ητος, ἡ: dryness
ὀφθαλμία, ἡ: ophthalmia, an
   inflammation of the eye
παράπληκτος, -ον: paralytic, paralyzed
πρεσβύτης, -ου, ὁ: an old man
σάρξ, σαρκός, ἡ: flesh
συνίστημι: to combine, become
σῶμα, -ατος, τό: a body
ὑγρότης, -ατος, ἡ: wetness, moisture
φλέγμα, -ατος, τό: phlegm
φλεγματίας, -ου, ὁ: phlegmatic
φλέψ, φλεβός, ἡ: a vein
χειμών, -ῶνος, ὁ: winter
χολώδης, -ες: bilious

φλέγματος ἐπικαταρρυέντος: gen. abs., "*with phlegm running down* from the head"

ὥστε τοὺς μὲν ἀπόλλυσθαι, τοὺς δὲ γίνεσθαι: pr. inf. in res. cl., "so that some die, some become...."

τὰ δεξιὰ ἢ τὰ ἀριστερά: acc. of resp., "paralyzed *on the right or left side*"

ὁκόταν ... μὴ ξυνίστηται: pr. subj. with μὴ indicating a conditional force to this temporal clause, "if the brain and veins do not become hardened"

τοῦ χειμῶνος ἐόντος: gen. abs. causal, "because the winter is..."

βορείου καὶ αὐχμηροῦ καὶ ψυχροῦ, ὁ ἐγκέφαλος, ὁπηνίκα
αὐτὸν ἔδει ἅμα καὶ τῷ ἦρι διαλύεσθαι καὶ καθαίρεσθαι ὑπό τε
κορύζης καὶ βράγχων, τηνικαῦτα πήγνυταί τε καὶ ξυνίσταται,
ὥστε ἐξαίφνης τοῦ θέρεος ἐπιγενομένου καὶ τοῦ καύματος, καὶ
τῆς μεταβολῆς ἐπιγενομένης, ταῦτα τὰ νοσεύματα ἐπιπίπτειν.
καὶ ὁκόσαι μὲν τῶν πολίων κέονταί γε καλῶς τοῦ ἡλίου καὶ
τῶν πνευμάτων, ὕδασί τε χρέονται ἀγαθοῖσιν, αὗται μὲν
ἧσσον αἰσθάνονται τῶν τοιούτων μεταβολέων· ὁκόσαι δὲ ὕδασί
τε ἐλείοισι χρέονται καὶ λιμνώδεσι, κέονταί τε μὴ καλῶς τῶν

ἀγαθός, -ή, -όν: good
αἰσθάνομαι: to perceive, feel
ἅμα: at the time of, together with (+ dat.)
αὐχμηρός, -ή, -όν: dry, dusty, rough
βόρειος, -η, -ον: northern
βράγχος, ὁ: hoarseness, sore throat
δεῖ: it is necessary
διαλύω: to loose, undo
ἐγκέφαλος, ὁ: a brain
ἔλειος, -η, -ον: marshy
ἐξαίφνης: suddenly
ἐπιγίνομαι: to supervene, come about, befall
ἐπιπίπτω: to fall upon, befall
ἦρ, ἦρος, τό: spring
ἧσσων, -ον: less (+ gen.)

θέρος, -εος, τό: summer
καθαίρω: to cleanse, clean, purge
καῦμα, -ατος, τό: a burning heat
κεῖμαι: to be laid, lie
κόρυζα, -ης, ἡ: a running of the nose, head cold
λιμνώδης, -ες: pooling, marshy
μεταβολή, ἡ: a change, changing
νόσευμα, -ατος, τό: sickness
ὁπηνίκα: at what point, when
πήγνυμι: to make fast
συνίστημι: to set together, combine, associate, unite, band together
τηνικαῦτα: at that time, then
χρέομαι: to use, enjoy (+ dat.)
ψυχρός, -ή, -όν: cold, chill

ὁ ἐγκέφαλος ... πήγνυταί τε καὶ ξυνίσταται: this is the main clause of this complex sentence

ὁπηνίκα ... τηνικαῦτα: correlatives, "at the very time when ... just at that time"

διαλύεσθαι καὶ καθαίρεσθαι: pas. inf. with acc. subj. αὐτὸν after ἔδει, "when it (the brain) ought *to be loosened and cleansed*"

ὥστε ... ἐπιπίπτειν: res. cl., "so that these diseases befall"

τοῦ θέρεος ἐπιγενομένου ... τῆς μεταβολῆς ἐπιγενομένης: gen. abs., "with summer becoming ... the change occurring"

τοῦ ἡλίου καὶ τῶν πνευμάτων: gen. of place from which, "they lie from (the direction of) the sun and winds"

ὕδασί ἀγαθοῖσιν: dat. of means with χρέονται, "they use good waters"

αὗται μὲν ἧσσον... αὗται δὲ μᾶλλον: "while these cities feel less... these cities feel more"

πνευμάτων καὶ τοῦ ἡλίου, αὗται δὲ μᾶλλον. κἢν μὲν τὸ θέρος
αὐχμηρὸν γένηται, θᾶσσον παύονται αἱ νοῦσοι· ἢν δὲ
ἔπομβρον, πολυχρόνιοι γίνονται· καὶ φαγεδαίνας κίνδυνος
ἐγγίνεσθαι ἀπὸ πάσης προφάσιος, ἢν ἕλκος ἐγγένηται· καὶ
λειεντερίαι καὶ ὕδρωπες τελευτῶσι τοῖσι νοσεύμασιν
ἐπιγίνονται· οὐ γὰρ ἀποξηραίνονται αἱ κοιλίαι ῥηϊδίως. ἢν δὲ
τὸ θέρος ἔπομβρον γένηται καὶ νότιον καὶ τὸ μετόπωρον, τὸν
χειμῶνα ἀνάγκη νοσερὸν εἶναι, καὶ τοῖσι φλεγματίῃσι καὶ
τοῖσι γεραιτέροισι τεσσαράκοντα ἐτέων καύσους γίνεσθαι
εἰκός, τοῖσι δὲ χολώδεσι πλευρίτιδας καὶ περιπλευμονίας. ἢν

ἀνάγκη, ἡ: force, constraint, necessity
ἀποξηραίνω: to dry up
αὐχμηρός, -ή, -όν: dry, dusty, rough
γεραιός, -ή, -όν: old
ἐγγίνομαι: to intervene, take place,
   happen
εἰκός: likely (+ *inf.*)
ἕλκος, -εος, τό: a wound
ἐπιγίνομαι: to supervene, come about,
   befall
ἔπομβρος, -ον: very rainy
ἔτος, -εος, τό: a year
θάσσων, -ον: quicker, swifter
θέρος, -εος, τό: summer
καῦσος, ὁ: a burning heat, fever
κίνδυνος, ὁ: a danger, risk
κοιλίη, ἡ: belly, (*pl.*) bowels
λειεντερία, ἡ: leientery, a passing of one's
   food undigested
μᾶλλον: more, rather

μετόπωρον, τό: autumn
νοσερός, -ή, -όν: sickly, marked by illness
νόσευμα, -ατος, τό: sickness
νότιος, -η, -ον: wet, moist, damp
νοῦσος, ἡ: a sickness, disease
παύομαι: to cease
περιπλευμονία, ἡ: inflammation of the
   lungs
πλευρῖτις, -ιδος, ἡ: pleurisy
πολυχρόνιος, -ον: long-lasting, chronic
πρόφασις, -ιος, ἡ: a reason, cause
ῥηϊδίως: easily, readily
τελευτάω: to complete, finish, accomplish
τεσσαράκοντα: forty
ὕδρωψ, -ωπος, ὁ: dropsy
φαγέδαινα, ἡ: cancerous sore, canker
φλεγματίας, -ου, ὁ: phlegmatic
χειμών, -ῶνος, ὁ: winter
χολώδης, -ες: bilious

τῶν πνευμάτων καὶ τοῦ ἡλίου: gen., "from the (direction of) the winds and sun"
κἢν (= καί + ἐάν) γένηται: ao. subj. in pr. gen. cond., "even if summer becomes"
ἐγγίνεσθαι: pr. inf. after κίνδυνος, "there is danger that sores *will be introduced*"
τελευτῶσι: pr. part. dat. agreeing with νοσεύμασιν, "as they conclude"
τοῖσι γεραιτέροισι: comp., "*for those older than* 40 years"

δὲ τὸ θέρος αὐχμηρὸν γένηται καὶ βόρειον, τὸ δὲ μετόπωρον ἔπομβρον καὶ νότιον, κεφαλαλγίας ἐς τὸν χειμῶνα καὶ σφακέλους τοῦ ἐγκεφάλου εἰκὸς γίνεσθαι, καὶ προσέτι βράγχους καὶ κορύζας καὶ βῆχας, ἐνίοισι δὲ καὶ φθίσιας. ἢν δὲ βόρειόν τε ᾖ καὶ ἄνυδρον, καὶ μήτε ὑπὸ κύνα ἔπομβρον, μήτε ἐπὶ τῷ ἀρκτούρῳ, τοῖσι μὲν φλεγματίῃσι φύσει συμφέρει μάλιστα, καὶ τοῖσιν ὑγροῖσι τὰς φύσιας, καὶ τῇσι γυναιξί· τοῖσι δὲ χολώδεσι τοῦτο πολεμιώτατον γίνεται· λίην γὰρ ἀναξηραίνονται, καὶ ὀφθαλμίαι αὐτοῖσιν ἐπιγίνονται ξηραὶ, καὶ πυρετοὶ ὀξέες καὶ πολυχρόνιοι, ἐνίοισι δὲ καὶ μελαγχολίαι. τῆς γὰρ χολῆς τὸ μὲν ὑγρότατον καὶ ὑδαρέστατον

ἀναξηραίνω: to dry up
ἄνυδρος, -ον: waterless, dry
ἀρκτοῦρος, ὁ: Arcturus (a star)
αὐχμηρός, -ή, -όν: dry, dusty, rough
βήξ, βηχός, ὁ: a cough
βόρειος, -η, -ον: northern
βράγχος, ὁ: hoarseness, sore throat
γυνή, γυναικός, ἡ: a woman
ἐγκέφαλος, ὁ: brain
εἰκός: likely (+ inf.)
ἔνιοι, -αι, -α: some
ἐπιγίνομαι: to supervene, come about, befall
ἔπομβρος, -ον: very rainy
θέρος, -εος, τό: summer
κεφαλαλγία, ἡ: a headache
κόρυζα, -ης, ἡ: a running of the nose, head cold
κύων, ἡ: the Dog Star, Sirius
λίην: very much, exceedingly
μελαγχολία, ἡ: melancholy

μετόπωρον, τό: autumn
μήτε...μήτε: neither... nor
νότιος, -η, -ον: wet, moist, damp
ξηρός, -ή, -όν: dry
ὀξύς, -εῖα, -ύ: sharp, keen, acute
ὀφθαλμία, ἡ: ophthalmia, an inflammation of the eye
πολέμιος, -η, -ον: hostile, harmful
πολυχρόνιος, -ον: long-lasting, chronic
προσέτι: over and above, besides
πυρετός, ὁ: a burning heat, fever
συμφέρω: to be beneficial to +dat.
σφάκελος, ὁ: gangrene, mortification
ὑγρός, -ή, -όν: wet, moist, running, fluid
ὑδαρής, -ές: watery, full of water
φθίσις, -ιος, ἡ: a wasting away, consumption
φλεγματίας, -ου, ὁ: phlegmatic
χειμών, -ῶνος, ὁ: winter
χολή, ἡ: gall, bile
χολώδης, -ες: bilious

ἢν γένηται: ao. subj. in pr. gen. cond., "if the summer becomes..."
φθίσιας: specifically tuberculosis of the lung, hence "phthisiology"
ἢν ... ᾖ: pr. subj. of εἰμι, "if (the summer) is dry..."
ὑπὸ κύνα: "under the Dog Star," whose helical rising is July 19
ἐπὶ τῷ ἀρκτούρῳ: "at Arcturus," whose helical rising is September 17
τὰς φύσιας: acc. of resp., "those moist in constitution"
τῆς χολῆς: partitive gen., "the wettest and most watery (portion) of the bile..."

ἀναξηραίνεται καὶ ἀναλίσκεται, τὸ δὲ παχύτατον καὶ
δριμύτατον λείπεται, καὶ τοῦ αἵματος κατὰ τὸν αὐτὸν λόγον·
ἀφ' ὧν ταῦτα τὰ νοσεύματα αὐτοῖσι γίνεται. τοῖσι δὲ
φλεγματίῃσι πάντα ταῦτα ἀρωγά ἐστιν: ἀποξηραίνονται γὰρ,
καὶ ἐς τὸν χειμῶνα ἀφικνεόνται, οὐ πλαδῶντες, ἀλλὰ
ἀνεξηρασμένοι.

αἷμα, -ατος, τό: blood
ἀναλίσκω: to use up
ἀποξηραίνω: to dry up
ἀρωγός, όν,: aiding, beneficial
ἀφικνέομαι: to come to
δριμύς, -εῖα, -ύ: keen, pungent, acrid

λείπω: to leave, leave behind
νόσευμα, -ατος, τό: a sickness, disease
παχύς, -εῖα, -υ: thick
πλαδάω: to be flaccid, be flabby
φλεγματίας, -ου, ὁ: phlegmatic
χειμών, -ῶνος, ὁ: winter

τὸν αὐτὸν λόγον: "according to the same account," i.e. "in the same manner"
ἀνεξηρασμένοι: perf. part., "but having been dried up"

Expressions of Specification and Respect

For adjectives and for verbs expressing a state, an accusative noun can be added to denote a thing *in respect to which* the verb or adjective is limited. This **accusative of respect** is the most common such expression in Greek. Besides this one, *AWP* also occasionally uses a **dative of specification**; at other times, perhaps just for the sake of variation, the author also uses ἐς or κατά + the accusative. Here are some examples:

παραπλήκτους γίνεσθαι τὰ δεξιὰ ἢ τὰ ἀριστερά: they become paralyzed *with respect to the right or left sides*

τά τε γὰρ μεγέθεα μεγάλοι, τὰ πάχεα δ' ὑπερπάχητες: they are large *in size* and very thick *in breadth*

ἡμερώτεροι τὰ ἤθεα: milder *in character*

τὰ εἴδεα ὅμοιοι: "similar *in physique*"

ὀργήν τε καὶ σύνεσιν βελτίους: "better *in disposition and intelligence*"

μήτε ὑπερβάλλων τὸν καιρὸν τῷ ψύχει: "nor exceeding the due measure *with respect to cold*"

ἔς τε τὰς τέχνας ὀξυτέρους τε καὶ συνετωτέρους καὶ πολέμια ἀμείνους εὑρήσεις: "you will find them keener and more intelligent *in the crafts* and better *with respect to war*"

διαφέρουσιν ἀλλήλων ἐς τὰ πάντα: "they differ among each other *in all things*"

τά μέν ἐς τὴν δίαιταν αὐτῶν οὕτως ἔχει: "such are things *with regard to their diet*"

Hippocrates' Medical Calendar

Throughout *AWP*, times of the year are indicated by astronomical events. Changes in season are marked not only by the equinoxes (*ἰσημερίαι*), and solstices (*τροπαί*), as they are today, but also by the rising (*ἀνατολή*) and setting (*δύσις*) of celestial bodies. Risings and settings fall into one of three categories: acronychal, heliacal, and cosmic.

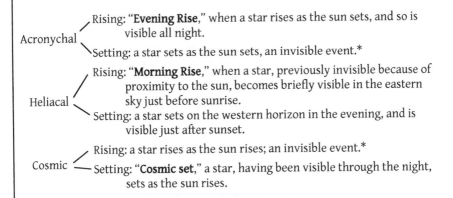

Acronychal
- Rising: "**Evening Rise**," when a star rises as the sun sets, and so is visible all night.
- Setting: a star sets as the sun sets, an invisible event.*

Heliacal
- Rising: "**Morning Rise**," when a star, previously invisible because of proximity to the sun, becomes briefly visible in the eastern sky just before sunrise.
- Setting: a star sets on the western horizon in the evening, and is visible just after sunset.

Cosmic
- Rising: a star rises as the sun rises; an invisible event.*
- Setting: "**Cosmic set**," a star, having been visible through the night, sets as the sun rises.

It is worth noting that the *true* acronychal rising and cosmic setting are invisible events, and so the ancients are referring to the *apparent* events. The *apparent* acronychal (evening) rising is the last *visible* rising of a star in the evening twilight. On the following day, there will still be too much daylight to see the star as it cross the horizon. The *apparent* cosmic setting is the first *visible* setting of a star in the morning twilight. On the preceding day, sunlight would have obscured the star at the moment it met the horizon. These two events, together with the heliacal (morning) rise, are used to mark the time of year in *AWP*. These phenomena are described for three celestial bodies:

ὁ κύων: the "Dog Star," **Sirius**, whose heliacal rising indicated the "dog days" of summer and the flooding of the Nile River.

αἱ Πλειάδες: the **Pleiades**, a cluster of 7 stars in the constellation Taurus. The heliacal rising of the Pleiades was a popular date for the beginning of summer, while their cosmic setting marked the beginning of winter.

ὁ Ἀρκτοῦρος: **Arcturus**, the brightest star in the constellation Boötes, whose acronychal and heliacal risings were popular dates for the bringing of spring and the end of summer, respectively.

---

* These definitions are not used consistently by astronomers, and are sometimes interchanged. For a discussion of this inconsistency, as well as the broader concepts, see Kelley, David H., and E. F. Milone. *Exploring Ancient Skies: A Survey of Ancient and Cultural Astronomy.* (New York: Springer, 2011), 40.

The circular calendar below shows the approximate position of the celestial events mentioned in *AWP* throughout the year.

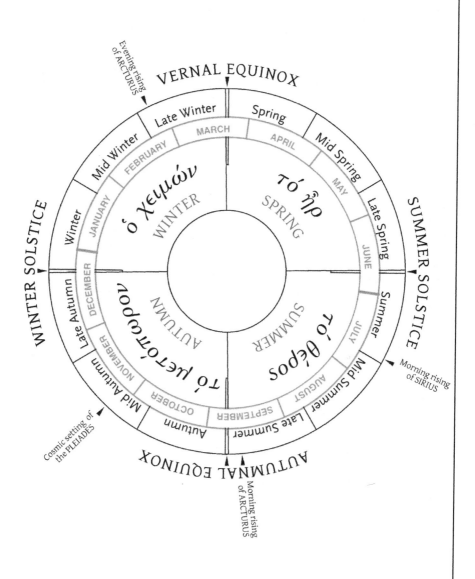

It is especially important to pay attention to the effects of changes in the seasons.

[11.] κατὰ ταῦτά τις ἐννοεύμενος καὶ σκοπεύμενος προειδείη ἂν τὰ πλεῖστα τῶν μελλόντων ἔσεσθαι ἀπὸ τῶν μεταβολέων. φυλάσσεσθαι δὲ χρὴ μάλιστα τὰς μεταβολὰς τῶν ὡρέων τὰς μεγίστας, καὶ μήτε φάρμακον διδόναι ἑκόντα, μήτε καίειν ὅ τι ἐς κοιλίην, μήτε τάμνειν, πρὶν παρέλθωσιν ἡμέραι δέκα ἢ καὶ πλείονες· μέγισται δέ εἰσιν αἵδε αἱ τέσσαρες καὶ ἐπικινδυνόταται, ἡλίου τροπαὶ ἀμφότεραι καὶ μᾶλλον αἱ θεριναὶ καὶ ἰσημερίαι νομιζόμεναι εἶναι ἀμφότεραι, μᾶλλον δὲ

ἀμφότερος, -η, -ον: each, both
δέκα: ten
δίδωμι: to give
ἑκών: willing, readily
ἐννοέω: to think, consider, reflect
ἐπικίνδυνος, -ον: dangerous, precarious
ἡμέρη, ἡ: a day
θερινός, -ή, -όν: of the summer, in summer
ἰσημερία, ἡ: equinox
καίω: to kindle, burn
κοιλίη, ἡ: belly
μέλλω: to be about to, be going to (+ *inf.*)
μεταβολή, ἡ: a change, changing
μήτε...μήτε: neither...nor

νομίζω: to hold, think, believe
παρέρχομαι: to go by, pass
πλεῖστος, -η, -ον: most, largest
πλείων, -ον: more, greater
πρίν: before
πρόοιδα: to know beforehand
σκοπέω: to look after, observe
τέμνω: to cut
τέσσαρες, -α: four
τροπή, ἡ: a turn, turning
φάρμακον, τό: a drug, medicine
φυλάσσω: to keep watch, guard
χρή: it is necessary
ὥρη, ἡ: a period, season

ἐννοεύμενος (= ἐννοούμενος): "by reflecting"
σκοπεύμενος (= σκοπούμενος): "by observing"
προειδείη: potential opt. with ἄν, "one may know in advance"
ἔσεσθαι: fut. inf. after μελλόντων, "of the things about *to be*"
ἑκόντα: pr. part. agreeing with the subject of διδόναι, "that one willingly give"
καίειν: here, "to cauterize"
πρὶν παρέλθωσιν: ao. subj., "before 10 days pass" without ἄν as often in Herodotus
αἵδε: "the following (changes)"
ἡλίου τροπαὶ: the solstices (June 25 and Dec. 23), the days on which the sun's rising begins to "turn" direction, hence the longest and shortest day of the year
ἰσημερίαι: i.e. March 23 and Sept. 25, the vernal and autumnal equinoxes
νομιζόμεναι: pr. part. (sc. εἰσι): "are thought to be"

αἱ μετοπωριναί. δεῖ δὲ καὶ τῶν ἄστρων τὰς ἐπιτολὰς
φυλάσσεσθαι, καὶ μάλιστα τοῦ κυνός, ἔπειτα ἀρκτούρου, καὶ
ἔτι πληϊάδων δύσιν· τά τε γὰρ νοσεύματα μάλιστα ἐν ταύτῃσι
τῇσιν ἡμέρῃσιν κρίνεται. καὶ τὰ μὲν ἀποφθίνει, τὰ δὲ λήγει,
τὰ δὲ ἄλλα πάντα μεθίσταται ἐς ἕτερον εἶδος καὶ ἑτέρην
κατάστασιν.

The differences between Europe and Asia.

[12.] περὶ μὲν τούτων οὕτως ἔχει. βούλομαι δὲ περὶ τῆς
Ἀσίης καὶ τῆς Εὐρώπης δεῖξαι ὁκόσον διαφέρουσιν ἀλλήλων ἐς
τὰ πάντα, καὶ περὶ τῶν ἐθνέων τῆς μορφῆς, ὅτι διαλλάσσει
καὶ μηδὲν ἔοικεν ἀλλήλοισιν. περὶ μὲν οὖν ἁπάντων πολὺς ἂν
εἴη λόγος, περὶ δὲ τῶν μεγίστων καὶ πλεῖστον διαφερόντων

ἀλλήλων: one another
ἅπας, -πασα, -παν: all, the whole
ἀποφθίνω: to destroy, be fatal
ἀρκτοῦρος, ὁ: the star Arcturus
Ἀσίη, ἡ: Asia
ἄστρον, τό: a star
βούλομαι: to will, wish
δεῖ: it is necessary (+ inf.)
δείκνυμι: to bring to light, exhibit, point out
διαλλάσσω: to change, be different
διαφέρω: to differ
δύσις, -ιος, ἡ: a setting (of a star)
ἔθνος, -εος, τό: a nation, people
εἶδος, -εος, τό: form, shape
ἔοικε: it is like, similar to (+ dat.)
ἐπιτολή, ἡ: a rising (of a star)

ἕτερος, -η, -ον: another, other
Εὐρώπη, ἡ: Europe
ἡμέρη, ἡ: a day
κατάστασις, -ιος, ἡ: a constitution
κρίνω: to bring to a crisis
κύων, ἡ: the Dog Star, Sirius
λήγω: to abate, cease
μεθίστημι: to change
μετοπωρινός, -ή, -όν: of the autumn, autumnal
μορφή, ἡ: form, shape
νόσευμα, -ατος, τό: sickness, illness
πλειάδες, αἱ: the Pleiades, a constellation of 7 stars
πλεῖστος, -η, -ον: most, largest
φυλάσσω: to keep watch, guard

κυνός: the heliacal rising of Sirius, the dogstar, July 19
ἀρκτούρου: the heliacal rising of Arcturus, Sept. 17
πληϊάδων δύσιν: the cosmic setting of the constellation Pleiades, Nov. 6
τὰ μὲν...τὰ δὲ: "some (diseases)...others"
δεῖξαι: ao. inf. of δείκνυμι, "I wish *to point out*"
ὁκόσον διαφέρουσιν: indirect quest., "to point out *how much they differ*"
ἐς τὰ πάντα: "in every respect"
εἴη: potential opt. with ἄν, "the account *would be great*"

59

The World of *Airs, Waters, and Places*

It is likely that the names "Europe" and "Asia" were first used of the opposite shores of the Aegean and gradually extended to the land masses beyond them. The division between Europe and Asia beyond the Black Sea was generally a matter of speculation and hearsay rather than exact knowledge. These two maps represent the world as it was imagined by two early Milesian thinkers, **Anaximander** (c. 610-546 BCE) and **Hecataeus** (c. 550 to 476 BCE). In Anaximander's very schematic map, the Phasis River is part of the boundary between Europe and Asia. Hecataeus' map, apparently based in part on his own travels, made the Caspian Sea, which was thought to communicate with the Ocean, part of the boundary between Europe and Asia, together with the Caucasus Mountains and the Black (Euxine) Sea.

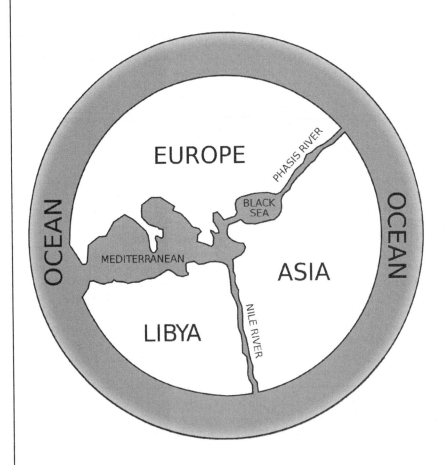

Anaximander (610-546 BCE)

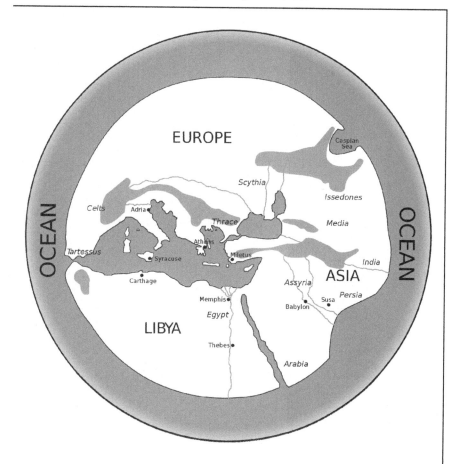

Hecataeus (c. 550-476 BCE)

Like Hecataeus, Herodotus imagined Europe to be comparable in length to Asia and Libya combined (the latter conceived of as a peninsula of Asia). In his fourth book he has this to say about the boundaries of the continents:

> And I am not able to understand for what reason it is that to the Earth, which is one, three different names are given derived from women, and why there were set as boundaries to divide it the river Nile of Egypt and the Phasis in Colchis (or as some say the Maiotian river Tanais and the Kimmerian ferry); nor can I learn who those persons were who made the boundaries, or for what reason they gave the names.

The map on the next page represents the world of Herodotus, which is probably the closest to the idea of the author of *AWP*:

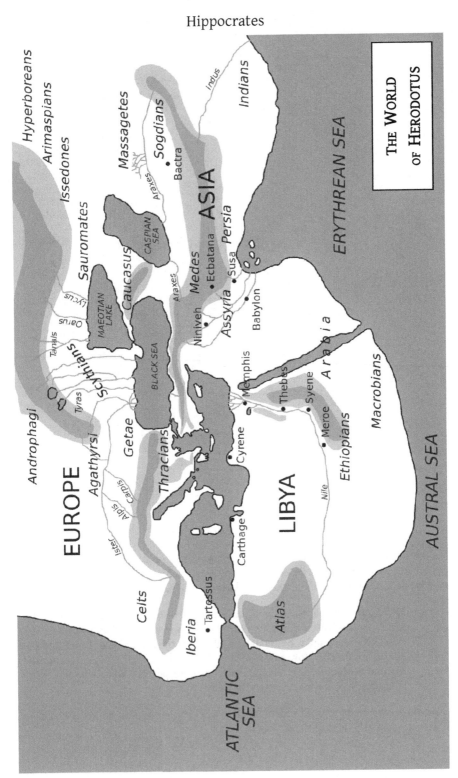

THE WORLD OF HERODOTUS

ἐρέω ὥς μοι δοκεῖ ἔχειν. τὴν Ἀσίην πλεῖστον διαφέρειν φημὶ τῆς Εὐρώπης ἐς τὰς φύσιας τῶν ξυμπάντων, τῶν τε ἐκ τῆς γῆς φυομένων καὶ τῶν ἀνθρώπων· πολὺ γὰρ καλλίονα καὶ μέζονα πάντα γίνεται ἐν τῇ Ἀσίῃ, ἥ τε χώρη τῆς χώρης ἡμερωτέρη, καὶ τὰ ἤθεα τῶν ἀνθρώπων ἠπιώτερα καὶ εὐοργητότερα. τὸ δὲ αἴτιον τούτων ἡ κρῆσις τῶν ὡρέων, ὅτι τοῦ ἡλίου ἐν μέσῳ τῶν ἀνατολέων κεῖται πρὸς τὴν ἠῶ, τοῦ τε ψυχροῦ πορρωτέρω· τὴν δὲ αὔξησιν καὶ ἡμερότητα παρέχει πλεῖστον ἁπάντων, ὁκόταν μηδὲν ᾖ ἐπικρατέον βιαίως, ἀλλὰ παντὸς ἰσομοιρίη δυναστεύῃ. ἔχει δὲ κατὰ τὴν Ἀσίην οὐ

αἴτιον, τό: a cause
ἀνατολή, ἡ: a rising, rise
ἅπας, -πασα, -παν: all, the whole
Ἀσίη, ἡ: Asia
αὔξησις, -ιος, ἡ: growth, increase
βίαιος, -ος, -ον: forcible, violent
διαφέρω: to differ
δυναστεύω: to be powerful, prevail
ἐπικρατέω: to rule over, dominate
εὐόργητος, -ον: good-tempered
Εὐρώπη, ἡ: Europe
ἦθος, -εος, τό: character, disposition
ἥμερος, -η, -ον: tame, tamed
ἡμερότης, -ητος, ἡ: tameness
ἤπιος, -η, -ον: gentle, mild, kind
ἠώς, ἡ: the dawn, the East

ἰσομοιρίη, ἡ: an equal share, balance
καλλίων, ον: more beautiful (comp. of καλός)
κεῖμαι: to be laid, lie
κρῆσις, -ιος, ἡ: a mixing, blending
μέσος, -η, -ον: middle, in the middle
ξύμπας, -πασα, -παν: all together
ὁκόταν: whenever
παρέχω: to furnish, provide, supply
πλεῖστος, -η, -ον: most, largest
πορρωτέρω: farther
φημί: to declare, say
φύω: to bring forth, produce, grow
χώρη, ἡ: a space, place, region
ψυχρός, -ή, -όν: cold, chill
ὥρη, ἡ: a period, season

ἐρέω: fut. of λέγω, "I will say"
ἔχειν : "as it seems to me *to be*"
τῆς Εὐρώπης: gen. of comparison after διαφέρειν, "Asia differs *from Europe*"
ἐς τὰς φύσιας: "with respect to the natures of all things"
τῆς χώρης: gen. of comparison after ἡμερωτέρη, "more tame *than our land*"
κρῆσις τῶν ὡρέων: "blending of the seasons," i.e. a temperate climate
ἐν μέσῳ: "midway between" + gen.
τῶν ἀνατολέων: "between (the winter and summer) risings"
κέεται: "because (Asia) *is situated*"
τοῦ ψυχροῦ: gen. of separation, "farther away *from the cold*"
ᾖ ἐπικρατέον: periphrastic subj. in temporal cl., "whenever nothing *is dominating forcibly*"
παντὸς: objective gen., "a balance *of everything*"
δυναστεύῃ: pr. subj. also with ὁκόταν, "when balance *prevails*"

πανταχῆ ὁμοίως, ἀλλ' ὅση μὲν τῆς χώρης ἐν μέσῳ κεῖται τοῦ
θερμοῦ καὶ τοῦ ψυχροῦ, αὕτη μὲν εὐκαρποτάτη ἐστὶ καὶ
εὐδενδροτάτη καὶ εὐδιεστάτη, καὶ ὕδασι καλλίστοισι κέχρηται
τοῖσί τε οὐρανίοισι καὶ τοῖς ἐκ τῆς γῆς. οὔτε γὰρ ὑπὸ τοῦ
θερμοῦ ἐκκέκαυται λίην, οὔτε ὑπὸ αὐχμῶν καὶ ἀνυδρίης
ἀναξηραίνεται, οὔτε ὑπὸ ψύχεος βεβιασμένη οὔτε νοτία τε καὶ
διάβροχός ἐστιν ὑπό τε ὄμβρων πολλῶν καὶ χιόνος, τά τε
ὡραῖα αὐτόθι πολλὰ εἰκὸς γίνεσθαι, ὁκόσα τε ἀπὸ σπερμάτων,
καὶ ὁκόσα αὐτὴ ἡ γῆ ἀναδιδοῖ φυτά· ὧν τοῖς καρποῖσι

ἀναδίδωμι: to hold forth, bestow
ἀναξηραίνω: to dry up
ἀνυδρίη, ἡ: lack of water, drought
αὐτόθι: on the spot, here
αὐχμός, ὁ: drought, squalor
βιάζω: to constrain, oppress
γῆ, ἡ: earth
διάβροχος, -ον: very wet, moist
εἰκὸς: likely
ἐκκαίω: to burn out, scorch
εὐδενδρος, -ον: well-wooded, full of trees
εὔδιος, -ον: calm, peaceful
εὔκαρπος, -ον: rich in fruit, fruitful
θερμός, -ή, -όν: hot, warm
καρπός, ὁ: fruit
κεῖμαι: to be laid, lie
λίην: very much, exceedingly

μέσος, -η, -ον: middle, in the middle
νοτία, ἡ: damp
ὄμβρος, ὁ: heavy rain
ὅμοιος, -η, -ον: like, resembling, similar
ὅσος, -η, -ον: as much
οὐράνιος, -ον: heavenly, from the sky
πανταχῆ: everywhere
σπέρμα, -ατος, τό: seed
φυτόν, τό: plant
χιών, -όνος, ἡ: snow
χρέομαι: to use, enjoy (+ dat.)
χώρη, ἡ: a space, place, region
ψῦχος, -εος, τό: cold
ψυχρός, -ή, -όν: cold, chill
ὡραῖος, -η, -ον: produced at the right
    season

ἔχει ὁμοίως: "not everywhere do things *exist similarly*," i.e. "it is not uniform"
κατὰ τὴν Ἀσίην: "with respect to Asia"
ὅση μὲν ... αὕτη μὲν: "as much (of the land) ... this part"
κέχρηται: perf. of χρέομαι, "it (this place) *has enjoyed* the best waters"
τοῖσί τε οὐρανίοισι καὶ τοῖς ἐκ τῆς γῆς: i.e. both rain and spring water
ἐκκέκαυται: perf. pas. of ἐκκαίω, "neither has it been scorched..."
βεβιασμένη: perf. part., "having been oppressed"
τά ὡραῖα: neut. pl., "the harvests"
ὁκόσα φυτά: n. pl., "whatever plants"
αὐτὴ ἡ γῆ: "the earth itself"
ἀναδιδοῖ: thematic pr. (= ἀναδίδωσι)
ὧν: rel. pron., "of which (harvests)"
ἐς ἐπιτήδειον: "to a suitable (soil)"
τὰ ἐντρεφόμενα κτήνεα: "the cattle raised there (in temperate Asia)"

χρέονται ἄνθρωποι, ἡμεροῦντες ἐξ ἀγρίων, καὶ ἐς ἐπιτήδειον
μεταφυτεύοντες· τά τε ἐντρεφόμενα κτήνεα εὐθηνεῖν εἰκὸς, καὶ
μάλιστα τίκτειν τε πυκνότατα καὶ ἐκτρέφειν κάλλιστα· τούς τε
ἀνθρώπους εὐτραφέας εἶναι, καὶ τὰ εἴδεα καλλίστους, καὶ
μεγέθει μεγίστους, καὶ ἥκιστα διαφόρους ἐς τά τε εἴδεα αὐτῶν
καὶ τὰ μεγέθεα· εἰκός τε τὴν χώρην ταύτην τοῦ ἦρος ἐγγύτατα
εἶναι κατὰ τὴν φύσιν καὶ τὴν μετριότητα τῶν ὡρέων. τὸ δὲ
ἀνδρεῖον καὶ τὸ ταλαίπωρον καὶ τὸ ἔμπονον καὶ τὸ θυμοειδὲς
οὐκ ἂν δύναιτο ἐν τοιαύτῃ φύσει ἐγγίνεσθαι οὔτε ὁμοφύλου

ἄγριος, -η, -ον: living in the fields, wild
ἀνδρεῖον, τό: manliness, courage
διάφορος, -ον: different, unlike
δύναμαι: to be able, capable (+ inf.)
ἐγγίνομαι: to intervene, take place, happen
ἐγγύς: near, nigh, at hand
εἶδος, -εος, τό: a form, shape, appearance
εἰκός: likely (+ inf.)
ἐκτρέφω: to bring up, rear up
ἔμπονος, τό: patience in work, industry
ἐντρέφω: to bring up in, raise in
ἐπιτήδειος, -η, -ον: useful, suitable
εὐθηνέω: to thrive, flourish, prosper
εὐτραφής, -ές: well-fed, well-grown, thriving

ἥκιστος, -η, -ον: least
ἡμερόω: to tame, make tame
ἦρ, ἦρος, τό: spring
θυμοειδές, τό: spirit, passion
κτῆνος, -εος, τό: a beast, (pl.) cattle
μέγεθος, -εος, τό: magnitude, size, stature
μεταφυτεύω: to transplant
μετριότης, -ητος, ἡ: moderation, mildness
ὁμόφυλος, -ον: of the same race, native
πυκνός, -ή, -όν: close, dense, strong
ταλαίπωρον, τό: suffering, hardiness
τίκτω: to give birth, bear
χρέομαι: to use, enjoy (+ dat.)
χώρη, ἡ: a space, place, region
ὥρη, ἡ: a period, season

τε πυκνότατα καὶ κάλλιστα: adj., "and to bear the strongest and finest (offspring)," or adv., "they bear (offspring) very frequently and well"
ἀνθρώπους εἶναι: acc. + inf., "men are"
μεγέθει: dat. of specification, "very large *in stature*"
ἐς τά τε εἴδεα...μεγέθεα: "differing little *with respect to their appearances and statures*"
τοῦ ἦρος: gen. after ἐγγύτατα, "very near *to spring*" i.e. between winter and summer
ἐγγύτατα: n. pl. pred. after εἶναι, "that land is *very near*"
οὐκ ἂν δύναιτο: potential opt., "*it may not be possible* for manliness, etc. to occur"
οὔτε ὁμοφύλου οὔτε ἀλλοφύλου: "the nature neither of a native nor a foreigner." i.e., the native peoples of Asia as well as foreign born immigrants, such as the Greek colonists in Asia Minor.
κρατεῖν: pr. inf. after ἀνάγκη, "it is necessary that pleasure *rule*"

οὔτε ἀλλοφύλου, ἀλλὰ τὴν ἡδονὴν ἀνάγκη κρατεῖν ... διότι πολύμορφα γίνεται τὰ ἐν τοῖσι θηρίοισιν.

Concerning those who dwell on the eastern boundaries between Europe and Asia.

[13.] περὶ μὲν οὖν Αἰγυπτίων καὶ Λιβύων οὕτως ἔχειν μοι δοκεῖ. περὶ δὲ τῶν ἐν δεξιῇ τοῦ ἡλίου τῶν ἀνατολέων τῶν θερινῶν μέχρι Μαιώτιδος λίμνης — οὗτος γὰρ ὅρος τῆς Εὐρώπης καὶ τῆς Ἀσίης — ὧδε ἔχει περὶ αὐτῶν· τὰ δὲ ἔθνεα ταῦτα διάφορα αὐτὰ ἑωυτῶν μᾶλλόν ἐστι τῶν προδιηγημένων, διὰ τὰς μεταβολὰς τῶν ὡρέων καὶ τῆς χώρης τὴν φύσιν. ἔχει δὲ καὶ κατὰ τὴν γῆν ὁμοίως ἅπερ καὶ κατὰ τοὺς ἄλλους ἀνθρώπους. ὅκου γὰρ αἱ ὧραι μεγίστας μεταβολὰς ποιέονται καὶ πυκνοτάτας, ἐκεῖ καὶ ἡ χώρη ἀγριωτάτη καὶ

ἄγριος, -η, -ον: wild, savage
Αἰγύπτιος, ὁ: an Egyptian
ἀλλόφυλος, -ον: of another race, foreign
ἀνάγκη, ἡ: force, constraint, necessity
ἀνατολή, ἡ: a rising, rise
Ἀσίη, ἡ: Asia
γῆ, ἡ: earth
δεξιός, -ή, -όν: right, on the right side
διάφορος, -ον: different, unlike
διότι: for the reason that, since
ἔθνος, -εος, τό: a nation, people
Εὐρώπη, ἡ: Europe
ἡδονή, ἡ: delight, enjoyment, pleasure
θερινός, -ή, -όν: of the summer, in summer

θηρίον, τό: a wild animal, beast
κρατέω: to be strong, rule
Λίβυς, -υος, ὁ: a Libyan
λίμνη, ἡ: a pool, lake
μεταβολή, ἡ: a change, changing
μέχρι: up to, so far as
ὅμοιος, -η, -ον: like, resembling
ὅρος, ὁ: a boundary, landmark
ποιέω: to make
πολύμορφος, -ον: multiform, of many shapes
προδιηγέομαι: to relate before
πυκνός, -ή, -όν: close, frequent, strong
χώρη, ἡ: a space, place, region
ὧρη, ἡ: a period, season

There is a lacuna after κρατεῖν where the text treats the Egyptians and Libyans.
μέχρι Μαιώτιδος λίμνης: "as far as Lake Maeotis," the modern Sea of Azov, north of the Black Sea, which was thought to communicate with the northern ocean and to be the dividing line between Europe and Asia
τῶν προδιηγημένων: perf. part. gen. of comparison, "more different from each other than *those described above*"
ἅπερ: acc. of resp. after ὁμοίως, "similarly *with respect to those very things as*"
ποιέονται: pr. mid., "where the seasons experience" + acc.
εὑρήσεις: 2 s. fut., "you will find"

66

ἀνωμαλωτάτη ἐστίν· καὶ εὑρήσεις ὄρεά τε πλεῖστα καὶ δασέα,
καὶ πεδία, καὶ λειμῶνας ἐόντας· ὅκου δὲ αἱ ὧραι μὴ μέγα
ἀλλάσσουσιν, ἐκείνοις ἡ χώρη ὁμαλωτάτη ἐστίν. οὕτω δὲ ἔχει
καὶ περὶ τῶν ἀνθρώπων, εἴ τις βούλεται ἐνθυμέεσθαι. εἰσὶ γὰρ
φύσιες, αἱ μὲν ὄρεσιν ἐοικυῖαι δενδρώδεσί τε καὶ ἐφύδροισιν,
αἱ δὲ λεπτοῖσί τε καὶ ἀνύδροις, αἱ δὲ λειμακεστέροις τε καὶ
ἐλώδεσι, αἱ δὲ πεδίῳ τε καὶ ψιλῇ καὶ ξηρῇ γῇ. αἱ γὰρ ὧραι αἱ
μεταλλάσσουσαι τῆς μορφῆς τὴν φύσιν εἰσὶ διάφοροι· ἢν δὲ
διάφοροι ἔωσι μέγα σφέων αὐτῶν, διαφοραὶ καὶ πλείονες
γίνονται τοῖσιν εἴδεσι.

ἀλλάσσω: to change, alter	ἔφυδρος, -ον: wet, moist, rainy
ἄνυδρος, -ον: waterless, dry	λειμακεστέρος, -ον: more grassy
ἀνώμαλος, -ον: uneven, irregular	λειμών, -ῶνος, ὁ: a meadow, grassy place
βούλομαι: to will, wish	λεπτός, -ή, -όν: small, puny, slight
γῆ, ἡ: earth	μεταλλάσσω: to change, alter
δασύς, -εῖη, -ύ: hairy, shaggy, wooded	μορφή, ἡ: a form, shape
δενδρώδης, -ες: tree-like	ξηρός, -ή, -όν: dry
διαφορά, ἡ: a difference, distinction	ὁμαλός, -ή, -όν: even, level
διάφορος, -ον: different, unlike	ὄρος, -εος, τό: a mountain, hill
εἶδος, -εος, τό: a form, shape, appearance	πεδίον, τό: a plain, flat
ἐλώδης, -ες: marshy	πλεῖστος, -η, -ον: most, largest
ἐνθυμέομαι: to consider, reflect on, ponder	πλείων: more, greater
ἐοικώς, -υῖα, -ός: like, resembling (+ *dat.*)	χώρη, ἡ: a space, place, region
εὑρίσκω: to find	ψιλός, -ή, -όν: bare
	ὥρη, ἡ: a period, season

ἐόντας: agreeing only with λειμῶνας but understood with the other items as well. "you will find *that these are*"
μὴ μέγα: adv., "the seasons differ *not much*"
αἱ μὲν… αἱ δὲ: "some natures … others"
αἱ μεταλλάσσουσαι: attr. part., "the seasons *which alter*"
ἢν ἔωσι: pr. subj. of εἰμί in general cond., "if they (the seasons) are very different"
τοῖσιν εἴδεσι: dat. of poss., "the differences of *the forms* (of the humans)"
ὀλίγον: adv., "differ *slightly*"

The peculiar "Longheads" and the natural and cultural forces that affect their appearance.

[14.] καὶ ὁκόσα μὲν ὀλίγον διαφέρει τῶν ἐθνέων
παραλείψω: ὁκόσα δὲ μεγάλα ἢ φύσει ἢ νόμῳ, ἐρέω περὶ
αὐτῶν ὡς ἔχει. καὶ πρῶτον περὶ τῶν Μακροκεφάλων. τούτων
γὰρ οὐκ ἔστιν ἄλλο ἔθνος ὁμοίας τὰς κεφαλὰς ἔχον οὐδέν. τὴν
μὲν γὰρ ἀρχὴν ὁ νόμος αἰτιώτατος ἐγένετο τοῦ μήκεος τῆς
κεφαλῆς, νῦν δὲ καὶ ἡ φύσις συμβάλλεται τῷ νόμῳ: τοὺς γὰρ
μακροτάτην ἔχοντας τὴν κεφαλὴν γενναιοτάτους ἡγέονται.
ἔχει δὲ περὶ νόμου ὧδε: τὸ παιδίον ὁκόταν γένηται τάχιστα,
τὴν κεφαλὴν αὐτοῦ ἔτι ἀπαλὴν ἐοῦσαν, μαλθακοῦ ἐόντος,

αἴτιος, -η, -ον: blameworthy, responsible
ἀπαλός, -ή, -όν: soft to the touch, tender
γενναῖος, -η, -ον: noble, wellborn
διαφέρω: to differ
ἔθνος, -εος, τό: a nation, people
ἡγέομαι: to think, deem
κεφαλή, ἡ: a head
μακροκέφαλος, -ον: long-headed
μακρός, -ή, -όν: long
μαλθακός, -ή, -όν: soft, tender

μῆκος, -εος, τό: length
νόμος, ὁ: a usage, custom, law
ὁκόταν: whenever (+ *subj.*)
ὀλίγος, -η, -ον: few, little, small
ὅμοιος, -η, -ον: similar, resembling
παραλείπω: to set aside, leave remaining
συμβάλλω: to throw together, join
   together
ταχύς, -εῖα, -ύ: quick
ὧδε: so, thus

μεγάλα: (sc. διαφέρει) "the ones which differ *greatly*"
ἐρέω: fut. of λέγω, "I will speak"
περὶ τῶν Μακροκεφάλων: "about the Longheads"
τούτων: gen. after ὁμοίας, "heads similar *to them*," where the dative is more
   common
ἔχον: pr. part. nom. modifying ἔθνος, "there is no other race *possessing* heads..."
οὐδέν: adv., "not at all"
τὴν ἀρχὴν: "at first"
ἐγένετο: ao., "became" or just "was'
συμβάλλεται: mid. of συμβάλλω, "nature *contributes* to the custom"
γενναιοτάτους: pred. acc., "they deem them *the most noble*"
ὁκόταν γένηται: ao. subj. of γίγνομαι in temp. cl., "whenever a child is born"
ἐοῦσαν: pr. part. circumstantial, "*while it is* still soft"
μαλθακοῦ ἐόντος: gen. abs., " the child being tender"
τῇσι χερσὶ: dat. of means, "with their hands"

ἀναπλάσσουσι τῇσι χερσὶ, καὶ ἀναγκάζουσιν ἐς τὸ μῆκος
αὔξεσθαι, δεσμά τε προσφέροντες καὶ τεχνήματα ἐπιτήδεια,
ὑφ' ὧν τὸ μὲν σφαιροειδὲς τῆς κεφαλῆς κακοῦται, τὸ δὲ μῆκος
αὔξεται. οὕτως τὴν ἀρχὴν ὁ νόμος κατειργάσατο, ὥστε ὑπὸ
βίης τοιαύτην τὴν φύσιν γενέσθαι: τοῦ δὲ χρόνου προϊόντος,
ἐν φύσει ἐγένετο, ὥστε τὸν νόμον μηκέτι ἀναγκάζειν. ὁ γὰρ
γόνος πανταχόθεν ἔρχεται τοῦ σώματος, ἀπό τε τῶν ὑγιηρῶν
ὑγιηρὸς, ἀπό τε τῶν νοσερῶν νοσερός. εἰ οὖν γίνονται ἔκ τε
τῶν φαλακρῶν φαλακροὶ, καὶ ἐκ γλαυκῶν γλαυκοὶ, καὶ ἐκ
διεστραμμένων στρεβλοὶ, ὡς ἐπὶ τὸ πλῆθος, καὶ περὶ τῆς
ἄλλης μορφῆς ὁ αὐτὸς λόγος, τί κωλύει καὶ ἐκ μακροκεφάλου

ἀναγκάζω: to force, compel
ἀναπλάσσω: remodel
αὔξομαι: to make large, increase
βίη, ἡ: force, strength
γλαυκός, -ή, -όν: gray, gray or blue-eyed
γόνος, ὁ: seed
δέσμα, -ατος, ὁ: a band, bond
διαστρέφω: to twist about, distort
ἐπιτήδειος, -η, -ον: made for a purpose,
   suitable, fit
ἔρχομαι: to come, go
κακόω: to mistreat, ruin
κατεργάζομαι: to achieve, accomplish
κεφαλή, ἡ: a head
κωλύω: to hinder, check, prevent (+ *inf.*)
μακροκέφαλος, -ον: long-headed
μηκέτι: no more, no longer
μῆκος, -εος, τό: length

μορφή, ἡ: form, shape
νόμος, ὁ: a usage, custom, law
νοσερός, -ή, -όν: sickly, diseased
πανταχόθεν: from all places, on every
   side
πλῆθος, -εος, τό: a great number,
   multitude
προέρχομαι: to go forward, advance
προσφέρω: to bring to, apply
στρεβλός, -ή, -όν: twisted, squinting
σφαιροειδές, τό: roundness
σῶμα, -ατος, τό: a body
τέχνημα, -ατος, τό: a device
ὑγιηρός, -ή, -όν: healthy, wholesome
φαλακρός, -ή, -όν: baldheaded, bald
χείρ, χειρός, ἡ: a hand
χρόνος, ὁ: time

ὑφ' ὧν: rel. pron., "by means of which (devices)"
τὴν ἀρχὴν: "at first"
κατειργάσατο: ao., "custom *achieved*"
ὥστε γενέσθαι: ao. inf. in res. cl., "so that such a nature became"
τοῦ χρόνου προϊόντος: gen. abs., "and as time went on"
ὥστε ἀναγκάζειν: res. cl., "so that custom was no longer necessary"
διεστραμμένων: perf. part. gen. pl., "from those who are twisted (in their eyes)"
   i.e. squinting
ἐπὶ τὸ πλῆθος: "for the most part"
ὁ αὐτὸς λόγος: "the same account"
γίνεσθαι: pr. inf. after κωλύει, "prevents *from happening*"

μακροκέφαλον γίνεσθαι; νῦν δὲ ὁμοίως οὐκέτι γίνονται ὡς πρότερον· ὁ γὰρ νόμος οὐκέτι ἰσχύει διὰ τὴν ὁμιλίην τῶν ἀνθρώπων.

Concerning those who dwell along the Phasis River.

[15.] περὶ μὲν οὖν τούτων οὕτως ἔχειν μοι δοκεῖ. περὶ δὲ τῶν ἐν Φάσει, ἡ χώρη ἐκείνη ἐλώδης ἐστὶ καὶ θερμὴ καὶ ὑδατεινὴ καὶ δασεῖα· ὄμβροι τε αὐτόθι γίνονται πᾶσαν ὥρην πολλοί τε καὶ ἰσχυροί· ἥ τε δίαιτα τοῖς ἀνθρώποις ἐν τοῖς ἔλεσίν ἐστιν, τά τε οἰκήματα ξύλινα καὶ καλάμινα ἐν τοῖς ὕδασι μεμηχανημένα· ὀλίγη τε χρέονται βαδίσει κατὰ τὴν πόλιν καὶ τὸ ἐμπόριον, ἀλλὰ μονοξύλοις διαπλέουσιν ἄνω καὶ κάτω· διώρυγες γὰρ πολλαί εἰσι. τὰ δὲ ὕδατα θερμὰ καὶ

ἄνω: upwards
αὐτόθι: on the spot
βάδισις, -ιος, ἡ: a walking, going
δασύς, -εῖα, -ύ: shaggy, rough
δίαιτα, ἡ: a way of living, mode of life
διαπλέω: to sail across
διῶρυξ, -υγος, ἡ: a trench, conduit, canal
ἔλος, -εος, τό: low ground by rivers, a
    marsh-meadow
ἐλώδης, -ες: marshy, fenny
ἐμπόριον, τό: the market
θερμός, -ή, -όν: hot, warm
ἰσχυρός, -ή, -όν: strong, mighty
ἰσχύω: to be strong
καλάμινος, -η, -ον: made of reed
κάτω: down, downwards

μηχανάομαι: to prepare, make ready
μονόξυλος, -ον: made from a solid trunk
νόμος, ὁ: a usage, custom, law
ξύλινος, -η, -ον: of wood, wooden
οἴκημα, -ατος, τό: a dwelling place
ὀλίγος, -η, -ον: few, little, scanty, small
ὄμβρος, ὁ: heavy rain
ὁμιλίη, ἡ: a being together, intercourse
ὅμοιος, -η, -ον: like, resembling
πρότερος, -η, -ον: before, former
ὑδατεινός, -ή, -όν: watery, moist
Φᾶσις, -ιος, ὁ: the river Phasis
χρέομαι: to use (+ dat.)
χώρη, ἡ: a space, place, region
ὥρη, ἡ: a period, season

ὡς πρότερον: i.e., it is not as prevalent *as before*
τούτων: "about these," i.e. the "Longheads"
τῶν ἐν Φάσει: "those on the Phasis river"
πᾶσαν ὥρην: acc. of duration of time, "rains occur *through every season*"
μεμηχανημένα: perf. part., "dwellings *constructed* in the water"
βαδίσει: dat. of means after χρέονται, "they use little *walking*"
μονοξύλοισι: boats crafted from a single, hollowed out log, as a dugout canoe

στάσιμα πίνουσιν, ὑπό τε τοῦ ἡλίου σηπόμενα, καὶ ὑπὸ τῶν
ὄμβρων ἐπαυξόμενα. αὐτός τε ὁ Φᾶσις στασιμώτατος πάντων
τῶν ποταμῶν καὶ ῥέων ἠπιώτατα: οἵ τε καρποὶ γινόμενοι
αὐτόθι πάντες ἀναλδέες εἰσὶ, καὶ τεθηλυσμένοι, καὶ ἀτελέες,
ὑπὸ πολυπληθείης τοῦ ὕδατος: διὸ καὶ οὐ πεπαίνονται: ἠήρ τε
πολὺς κατέχει τὴν χώρην ἀπὸ τῶν ὑδάτων. διὰ ταύτας δὴ τὰς
προφάσιας τὰ εἴδεα ἀπηλλαγμένα τῶν λοιπῶν ἀνθρώπων
ἔχουσιν οἱ Φασιηνοί· τά τε γὰρ μεγέθεα μεγάλοι, τὰ πάχεα δ'
ὑπερπάχητες: ἄρθρον τε κατάδηλον οὐδὲν, οὐδὲ φλέψ: τήν τε

ἀναλδής, -ές: not thriving, feeble
ἀπαλλάσσω: to remove, differ from (+ gen.)
ἄρθρον, τό: a joint
ἀτελής, -ές: without end, incomplete
αὐτόθι: on the spot
διό: wherefore, on which account
εἶδος, -εος, τό: form, shape, figure
ἐπαυξω: to increase, enlarge, augment
ἠήρ, ἠέρος, ὁ: air, vapor
ἤπιος, -η, -ον: gentle, mild, kind
θηλύνω: to make womanish, soften
καρπός, ὁ: the wrist
κατάδηλος, -ον: quite manifest, plain, visible
καταχέω: to pour down upon, pour over
λοιπός, -ή, -όν: remaining, the rest

μέγεθος, -εος, τό: size, height, stature
ὄμβρος, ὁ: heavy rain
πάχος, τό: thickness
πεπαίνω: to ripen, make ripe
πίνω: to drink
πολυπλήθεια, ἡ: a great quantity
ποταμός, ὁ: a river, stream
πρόφασις, -ιος, ἡ: an alleged cause
ῥέω: to flow, run, stream, gush
σήπω: to make rotten
στάσιμος, -ον: standing, stationary
ὑπέρπαχυς, -υ: very fat
Φασιηνοί, οἱ: those living along the Phasis river
Φᾶσις, -ιος, ὁ: the river Phasis
φλέψ, φλεβός, ἡ: a vein
χώρη, ἡ: a space, place, region

σηπόμενα, ἐπαυξόμενα: pr. pas. part., "waters *being putrefied* by the sun and *swollen* by rains"
αὐτός: intens., "The River Phasis *itself*"
πάντων τῶν ποταμῶν: partitive gen., "the most stagnant *of all rivers*"
ἠπιώτατα: super. adv. modifying ῥέων, "running *most gently*"
τεθηλυσμένοι: pf. part. of θηλύνω, "the fruits are softened"
ἠήρ...ἀπὸ τῶν ὑδάτων: "vapor from the waters," referring to fog generated by the Phasis
ἀπηλλαγμένα: perf. part., "physiques *removed from*" i.e. different from + gen.
τῶν λοιπῶν ἀνθρώπων: gen. of separation after ἀπηλλαγμένα, "forms different *from the rest of men*"
τά μεγέθεα, τὰ πάχεα: acc. of resp., "large *in stature* and very fat *in thickness*"
ὑπερπάχητες: nom. pl. masc., "very fat"

χροιὴν ὠχρὴν ἔχουσιν, ὥσπερ ὑπὸ ἰκτέρου ἐχόμενοι·
φθέγγονταί τε βαρύτατον ἀνθρώπων, τῷ ἠέρι χρεώμενοι οὐ
λαμπρῷ, ἀλλὰ νοτώδει τε καὶ θολερῷ· πρός τε τὸ ταλαιπωρεῖν
τὸ σῶμα ἀργότεροι πεφύκασιν: αἵ τε ὧραι οὐ πολὺ
μεταλλάσσουσιν, οὔτε πρὸς τὸ πνῖγος, οὔτε πρὸς τὸ ψύχος· τά
τε πνεύματα τὰ πολλὰ νότια, πλὴν αὔρης μιῆς ἐπιχωρίης·
αὕτη δὲ πνεῖ ἐνίοτε βίαιος, καὶ χαλεπὴ, καὶ θερμὴ, καὶ
Κέγχρονα ὀνομάζουσι τοῦτο τὸ πνεῦμα. ὁ δὲ βορέης οὐ
σφόδρα ἀφικνεῖται· ὁκόταν δὲ πνέῃ, ἀσθενὴς καὶ βληχρός.

ἀργότερος, -η, -ον: wild	νότιος, -ή, -ον: wet, moist, southerly
ἀσθενής, -ές: weak, feeble	νοτώδης, -ες: moist
αὖρα, ἡ: air in motion, a breeze	ὀνομάζω: to name, call
ἀφικνέομαι: to come to	πλήν: except (+ gen.)
βαρύς, -εῖα, -ύ: heavy	πνέω: to blow
βίαιος, -ος, -ον: forcible, violent	πνῖγος, -εος, τό: stifling heat
βληχρός, -ή, -όν: faint, slight	σφόδρα: very, very much, exceedingly,
βορέης, -έω, ὁ: north wind	violently
εἷς, μίη, ἕν: one	ταλαιπωρέω: to endure hard labor
ἐνίοτε: sometimes	φθέγγομαι: to utter a sound or voice
ἐπιχώριος, -η, -ον: of a place, local	φύω: to bring forth, produce, put forth
ἠήρ, ἠέρος, ὁ: air, vapor	χαλεπός, -ή, -όν: hard to bear
θερμός, -ή, -όν: hot, warm	χρέομαι: to make use of (+ dat.)
θολερός, -ή, -όν: foul, turbid	χροιή, ἡ: the surface of a body, the skin
ἴκτερος, ὁ: jaundice	ψῦχος, -εος, τό: cold
Κέγχρων, ὁ: the Cenchron wind	ὥρη, ἡ: a period, season
λαμπρός, -ή, -όν: bright, brilliant, radiant	ὠχρός, -ή, -όν: pale, wan, sallow
μεταλλάσσω: to change, alter	

ἐχόμενοι: pr. pas. part., "as though *being held* by" i.e. "suffering from" + gen.
φθέγγονταί βαρύτατον: "they have the deepest voices"
τῷ ἠέρι: dat. with χρεώμενοι, "enjoying (i.e. breathing) air"
τὸ ταλαιπωρεῖν: art. inf., "toward *working hard*"
τὸ σῶμα: acc. resp., "*physical* work"
πεφύκασιν: perf. of φύω, "they are by nature"
τὰ νότια: "the southerly winds," which are moist
Κέγχρονα: acc. pred., "they call this wind *Cenchron*"
ὁκόταν πνέῃ: pr. subj. in indef. temp. cl., "whenever (the North wind) blows, it
    is..."

On Airs, Waters, and Places

How the environment affects the character of Asians and Europeans.

[16] καὶ περὶ μὲν τῆς φύσιος τῆς διαφορῆς καὶ τῆς μορφῆς τῶν ἐν τῇ Ἀσίῃ καὶ τῇ Εὐρώπῃ οὕτως ἔχει. περὶ δὲ τῆς ἀθυμίης τῶν ἀνθρώπων καὶ τῆς ἀνανδρείης, ὅτι ἀπολεμώτεροί εἰσι τῶν Εὐρωπαίων οἱ Ἀσιηνοί, καὶ ἡμερώτεροι τὰ ἤθεα, αἱ ὧραι αἴτιαι μάλιστα, οὐ μεγάλας τὰς μεταβολὰς ποιεύμεναι, οὔτε ἐπὶ τὸ θερμὸν, οὔτε ἐπὶ τὸ ψυχρὸν, ἀλλὰ παραπλησίως. οὐ γὰρ γίνονται ἐκπλήξιες τῆς γνώμης, οὔτε μετάστασις ἰσχυρὴ τοῦ σώματος, ἀφ' ὅτων εἰκὸς τὴν ὀργὴν ἀγριοῦσθαί τε καὶ τοῦ ἀγνώμονος καὶ θυμοειδέος μετέχειν μᾶλλον ἢ ἐν τῷ αὐτῷ αἰεὶ ἐόντα. αἱ γὰρ μεταβολαί

ἀγνώμων, -ον: ill-judging, senseless	ἦθος, -εος, τό: an accustomed place
ἀγριόω: to make wild or savage	ἥμερος, -η, -ον: tame, tamed, reclaimed
ἀθυμία, ἡ: want of heart, faintheartedness	θερμός, -ή, -όν: hot, warm
αἰεί: always, for ever	θυμοειδής, -ές: high-spirited, courageous
αἴτιος, -η, -ον: blameworthy, culpable	ἰσχυρός, -ή, -όν: strong, mighty
ἀνανδρείη, ἡ: want of manhood	μεταβολή, ἡ: a change, changing
ἀπόλεμος, -ον: unwarlike, unfit for war	μετάστασις, -ιος, ἡ: a change
Ἀσίη, ἡ: Asia	μετέχω: to partake of, take part in (+ *gen.*)
Ἀσιηνός, -ή, -όν: Asian	μορφή, ἡ: form, shape
γνώμη, ἡ: a mind, judgment	ὀργή, ἡ: temperament, disposition, nature
διαφορή, ἡ: difference, distinction	παραπλησίως: *adv.*, equably
εἰκός: likely	ποιέω: to make
ἔκπληξις, -ιος, ἡ: a disturbance	ψυχρός, -ή, -όν: cold, chill
Εὐρωπαῖος, -η, -ον: European	ὥρη, ἡ: a period, season
Εὐρώπη, ἡ: Europe	

περὶ τῆς διαφορῆς: "concerning the difference" + gen.
οὕτως ἔχει: "so it is"
τῶν: "the form *of those* (*people*) in Asia and Europe"
τῶν Εὐρωπαίων: gen. of comparison, "more unwarlike than *the* Europeans"
τὰ ἤθεα: acc. of resp., "gentler *in their disposition*"
αἴτιαι: pred. acc., "the seasons are *responsible*"
ποιεύμεναι: mid. part. f. pl., "making changes"
ἀφ' ὅτων: rel. pron., "from which"
ἀγριοῦσθαί: pr. pas. inf. after εἰκὸς, "likely *to be made wild*"
μᾶλλον ἢ: "rather than"
ἐν τῷ αὐτῷ αἰεί: "being always in the same" i.e. "being perpetually in the same state"

εἰσι τῶν πάντων, αἵ τε ἐπεγείρουσαι τὴν γνώμην τῶν
ἀνθρώπων, καὶ οὐκ ἐῶσαι ἀτρεμίζειν. διὰ ταύτας ἐμοὶ δοκεῖ
τὰς προφάσιας ἄναλκες εἶναι τὸ γένος τὸ Ἀσιηνόν· καὶ
προσέτι διὰ τοὺς νόμους. τῆς γὰρ Ἀσίης τὰ πολλὰ
βασιλεύεται. ὅκου δὲ μὴ αὐτοὶ ἑωυτῶν εἰσὶ καρτεροὶ οἱ
ἄνθρωποι μηδὲ αὐτόνομοι, ἀλλὰ δεσπόζονται, οὐ περὶ τούτου
αὐτοῖσιν ὁ λόγος ἐστὶν, ὅκως τὰ πολέμια ἀσκήσωσιν, ἀλλ'
ὅκως μὴ δόξωσι μάχιμοι εἶναι. οἱ γὰρ κίνδυνοι οὐχ ὅμοιοι
εἰσίν· τοὺς μὲν γὰρ στρατεύεσθαι εἰκὸς καὶ ταλαιπωρεῖν καὶ
ἀποθνῄσκειν ἐξ ἀνάγκης ὑπὲρ τῶν δεσποτέων, ἄπο τε παιδίων

ἀνάγκη, ἡ: force, constraint, necessity
ἀναλκής, -ές: feeble
ἀποθνήσκω: to die
Ἀσίη, ἡ: Asia
Ἀσιηνός, -ή, -όν: Asian
ἀσκέω: to practice, train
ἀτρεμίζω: to keep quiet
αὐτόνομος, -ον: living under one's own
    laws, independent
βασιλεύω: to be king, to rule, reign
γένος, -εος, τό: race, stock, family
γνώμη, ἡ: a mind, judgment
δεσπόζω: to rule
δεσπότης, -ου, ὁ: a master
ἐάω: to allow

εἰκός: likely
ἐπεγείρω: to awaken, wake up, rouse
καρτερός, -ή, -όν: in control of (+ gen.)
κίνδυνος, ὁ: a danger, risk
μάχιμος, -ον: fit for battle, warlike
νόμος, ὁ: custom, law
ὅμοιος, -η, -ον: like, resembling
παίδιον, τό: young child
πολέμιος, -η, -ον: of or belonging to war
προσέτι: in addition, besides
πρόφασις, -ιος, ἡ: alleged cause,
στρατεύω: to serve in war
ταλαιπωρέω: to suffer hardship or
    distress

ἐπεγείρουσαι, ἐῶσαι: pr. part. f. pl., "which *rouse*... and do not *permit*..."
τὰ πολλὰ: "the *majority* of Asia"
βασιλεύεται: pas. of βασιλεύω, "is ruled over by kings,"
δεσπόζονται: pr. pas., "are mastered"
οὐ περὶ τούτου: "not about this" namely, the questions that follow
ὁ λόγος ἐστὶν: "their concern is"
ὅκως ἀσκήσωσιν, ὅκως μὴ δόξωσι: ao. subj. of deliberative questions retained in
    indirect question. "how they might practice... how they might not seem to be..."
τοὺς μὲν στρατεύεσθαι: acc. + inf. after εἰκός, "it is likely that these serve as
    soldiers"
ἐξ ἀνάγκης: "by force"
ὑπὲρ τῶν δεσποτέων: "for the sake of their masters"

καὶ γυναικὸς ἐόντας καὶ τῶν λοιπῶν φίλων· καὶ ὁκόσα μὲν ἂν
χρηστὰ καὶ ἀνδρεῖα ἐργάσωνται, οἱ δεσπόται ἀπ' αὐτῶν
αὔξονταί τε καὶ ἐκφύονται· τοὺς δὲ κινδύνους καὶ θανάτους
αὐτοὶ καρποῦνται· ἔτι δὲ πρὸς τούτοισι τῶν τοιούτων
ἀνθρώπων ἀνάγκη ἐρημοῦσθαι τὴν γῆν ὑπό τε πολεμίων καὶ
ἀργίης· ὥστε, καὶ εἴ τις φύσει πέφυκεν ἀνδρεῖος καὶ εὔψυχος,
ἀποτρέπεσθαι τὴν γνώμην ὑπὸ τῶν νόμων. μέγα δὲ τεκμήριον
τούτων· ὁκόσοι γὰρ ἐν τῇ Ἀσίῃ Ἕλληνες ἢ βάρβαροι μὴ
δεσπόζονται, ἀλλ' αὐτόνομοί εἰσι καὶ ἑωυτοῖσι ταλαιπωρεῦσιν,
οὗτοι μαχιμώτατοί εἰσι πάντων· τοὺς γὰρ κινδύνους ἑωυτῶν

ἀνάγκη, ἡ: force, constraint, necessity
ἀνδρεῖος, -η, -ον: manly
ἀποτρέπω: to turn
ἀργίη, ἡ: lack of cultivation
Ἀσίη, ἡ: Asia
αὔξω: to make large, increase, augment
αὐτόνομος, -ον: independent
βάρβαρος, ὁ: a barbarian
γῆ, ἡ: earth
γνώμη, ἡ: a mind
δεσπόζω: to rule
δεσπότης, -ου, ὁ: a master
ἐκφύω: to grow from, enlarge
Ἕλλην, ὁ: a Greek
ἐργάζομαι: to work, labor

ἐρημόω: to strip bare, to desolate, lay waste
εὔψυχος, -ον: courageous
θάνατος, ὁ: death
καρπόω: to harvest
κίνδυνος, ὁ: a danger
λοιπός, -ή, -όν: remaining, the rest
μάχιμος, -ον: fit for battle, warlike
νόμος, ὁ: custom, law, ordinance
πολέμιος, ὁ: enemy
ταλαιπωρέω: to suffer hardship or distress
τεκμήριον, τό: a sure sign, proof
φίλος, -η, -ον: loved, beloved, dear
φύω: to grow, be born
χρηστός, -ή, -όν: useful

ἐόντας: pr. part. acc. m. pl. modifying τοὺς (sc. ἀνθρώπους), "while being away from their children, etc."
ὁκόσα ἂν ἐργάσωνται: ao. subj. in gen. rel. cl., "whatever things they do"
τοὺς δὲ κινδύνους: "but the dangers..." answering to τοὺς μὲν above
αὐτοὶ: "they themselves" (i.e. the subjects)
ἀπ' αὐτῶν: "from them" (i.e. the deeds)
πρὸς τούτοισι: "in addition to these things"
ἐρημοῦσθαι τὴν γῆν: acc. + inf. after ἀνάγκη, "it is necessary *that the land be empty*"
ὥστε ... ἀποτρέπεσθαι: pr. inf. in res. cl., "so that his mind is turned"
φύσει: dat. of means, "by nature," i.e. "naturally"
εἴ τις πέφυκεν: perf. of φύω, "if someone *has been born*"

πέρι κινδυνεύουσι, καὶ τῆς ἀνδρείης αὐτοὶ τὰ ἆθλα φέρονται, καὶ τῆς δειλίης τὴν ζημίην ὡσαύτως. εὑρήσεις δὲ καὶ τοὺς Ἀσιηνοὺς διαφέροντας αὐτοὺς ἑωυτῶν, τοὺς μὲν βελτίονας, τοὺς δὲ φαυλοτέρους ἐόντας· τούτων δὲ αἱ μεταβολαὶ αἴτιαι τῶν ὡρέων, ὥσπερ μοι εἴρηται ἐν τοῖσι προτέροισι.

The case of the Scythian race of the Sauromatae.

[17.] καὶ περὶ μὲν τῶν ἐν τῇ Ἀσίῃ οὕτως ἔχει. ἐν δὲ τῇ Εὐρώπῃ ἐστὶν ἔθνος Σκυθικὸν, ὃ περὶ τὴν λίμνην οἰκεῖ τὴν Μαιῶτιν, διαφέρον τῶν ἐθνέων τῶν ἄλλων, Σαυρομάται καλεῦνται. τούτων αἱ γυναῖκες ἱππάζονταί τε καὶ τοξεύουσι, καὶ ἀκοντίζουσιν ἀπὸ τῶν ἵππων, καὶ μάχονται τοῖσι

ἆθλον, τό: the prize of contest
αἴτιος, -η, -ον: responsible
ἀκοντίζω: to hurl a javelin
ἀνδρείη, ἡ: manliness
Ἀσίη, ἡ: Asia
Ἀσιηνός, -ή, -όν: Asian
βελτίων, -ον: better
γυνή, γυναικός, ἡ: a woman
δειλίη, ἡ: cowardice
διαφέρω: to differ from (+ gen.)
ἔθνος, -εος, τό: a nation, people
εὑρίσκω: to find
Εὐρώπη, ἡ: Europe
ζημίη, ἡ: loss, damage
ἱππάζομαι: to drive horses, ride

ἵππος, ὁ: a horse
κινδυνεύω: to run the risk
λίμνη, ἡ: a pool, lake
μάχομαι: to fight (+ dat.)
μεταβολή, ἡ: a change, changing
οἰκέω: to inhabit, occupy
πρότερος, -η, -ον: before
Σαυρομάτης, ὁ: a Sarmatian
Σκυθικός, -ή, -όν: Scythian
τοξεύω: to shoot a bow
φαῦλος, -η, -ον: mean, bad
φέρομαι: to bear for oneself, to win
ὥρη, ἡ: a period, season
ὡσαύτως: in like manner, just so

ἑωυτῶν πέρι: anastrophe, "for themselves"
αὐτοὶ: "these very ones bear..."
εὑρήσεις: 2. s. fut., "you will find..."
αὐτοὺς: "the Asians *themselves*"
τοὺς μὲν...τοὺς δὲ: "some being better, others being worse"
αἴτιαι: pred., "are responsible for" + gen.
εἴρηται: perf. pas. of λέγω, "as it *has been said*"
ὃ: rel. pron., "a race, *which* lives"
λίμνην Μαιῶτιν: modern day Sea of Azov
καλεῦνται: (= καλοῦνται) "are called"
Σαυρομάται: cf. Her. *Hist.* 4, 110-17

πολεμίοις, ἕως ἂν παρθένοι ἔωσιν. οὐκ ἀποπαρθενεύονται δὲ
μέχρις ἂν τῶν πολεμίων τρεῖς ἀποκτείνωσι, καὶ οὐ πρότερον
συνοικέουσιν ἤπερ τὰ ἱερὰ θύσωσιν τὰ ἔννομα. ἢ δ' ἂν ἄνδρα
ἑωυτῇ ἄρηται, παύεται ἱππαζομένη, ἕως ἂν μὴ ἀνάγκη
καταλάβῃ παγκοίνου στρατείης. τὸν δεξιὸν δὲ μαζὸν οὐκ
ἔχουσιν. παιδίοισι γὰρ ἐοῦσιν ἔτι νηπίοισιν αἱ μητέρες χαλκίον
τετεχνημένον ἐπ' αὐτῷ τούτῳ διάπυρον ποιέουσαι, πρὸς τὸν
μαζὸν τιθέασι τὸν δεξιὸν, καὶ ἐπικαίεται, ὥστε τὴν αὔξησιν

ἀνάγκη, ἡ: force, constraint, necessity
ἀνήρ, ἀνδρός, ὁ: a man, husband
ἀποκτείνω: to kill, slay
ἀποπαρθενεύομαι: to lay aside one's
  virginity
ἄρνυμαι: to gain
αὔξησις, -ιος, ἡ: growth, increase
δεξιός, -ή, -όν: right, on the right side
διάπυρος, -ον: red-hot
ἔννομος, -η, -ον: customary
ἐπικαίω: to burn up, cauterize
ἤπερ: than (after comp.)
θύω: to offer, sacrifice
ἱερός, -ά, -όν: sacred, holy
ἱππάζομαι: to drive horses, rise
καταλαμβάνω: to seize upon, befall
μαζός, ὁ: a breast

μέχρις: until
μήτηρ, μητερος, ἡ: a mother
νήπιος, -η, -ον: infant
πάγκοινος, -ον: common to all, general
παίδιον, τό: a young child
παρθένος, ἡ: a maiden, virgin
παύω: to make to cease
πολέμιος, ὁ: an enemy
πρότερος, -η, -ον: before, former
στρατείη, ἡ: an expedition, campaign
συνοικέω: to dwell together
τεχνάομαι: to make by art, construct
τίθημι: to set, put, place
τρεῖς: three
χαλκίον, τό: a bronze or copper
  instrument

ἕως ἂν ἔωσιν: subj. of εἰμί, "*as long as they are* virgins"
μέχρις ἂν ἀποκτείνωσι: subj. in gen. temp. cl., "until they kill"
τῶν πολεμίων: partitive gen., "three *of their enemies*"
πρότερον ἤπερ θύσωσιν: ao. subj. in indef. temp. cl., "before they sacrifice"
ἢ δ' ἂν ἄρηται: ao. subj. of ἄρνυμαι in gen rel. cl., "whoever gains for herself"
ἑωυτῇ: dat. of ref., "for herself"
ἱππαζομένη: pr. part. with παύεται, "she ceases *riding*"
ἕως ἂν μὴ ἀνάγκη καταλάβῃ: ao. subj. in gen. temp. cl., "as long as no necessity
  befalls"
τετεχνημένον: perf. part., "having been constructed"
ἐοῦσιν ἔτι: "*while they are still* infants"
ἐπ' αὐτῷ τούτῳ: "constructed *for this very purpose*"
διάπυρον: pred. acc. with χαλκίον, "making the instrument *red-hot*"
ὥστε τὴν αὔξησιν φθείρεσθαι: inf. in result cl., "so that the growth (of the breast)
  is retarded"

77

φθείρεσθαι, ἐς δὲ τὸν δεξιὸν ὦμον καὶ βραχίονα πᾶσαν τὴν ἰσχὺν καὶ τὸ πλῆθος ἐκδιδόναι.

Concerning the customs of the other Scythians.

[18.] περὶ δὲ τῶν λοιπῶν Σκυθέων τῆς μορφῆς, ὅτι αὐτοὶ αὐτοῖσιν ἐοίκασι, καὶ οὐδαμῶς ἄλλοις, ὡυτὸς λόγος καὶ περὶ τῶν Αἰγυπτίων, πλὴν ὅτι οἱ μὲν ὑπὸ τοῦ θερμοῦ εἰσι βεβιασμένοι, οἱ δ' ὑπὸ τοῦ ψυχροῦ. ἡ δὲ Σκυθέων ἐρημίη καλευμένη πεδιάς ἐστι καὶ λειμακώδης καὶ ψιλή, καὶ ἔνυδρος μετρίως. ποταμοὶ γάρ εἰσι μεγάλοι, οἳ ἐξοχετεύουσι τὸ ὕδωρ ἐκ τῶν πεδίων. ἐνταῦθα καὶ οἱ Σκύθαι διαιτεῦνται, Νομάδες δὲ καλεῦνται, ὅτι οὐκ ἔστιν οἰκήματα, ἀλλ' ἐν ἁμάξῃσιν οἰκεῦσιν.

Αἰγύπτιος, -η, -ον: Egyptian
ἄμαξα, ἡ: a wagon
βιάζω: to constrain, oppress
βραχίων, -ονος, ὁ: an arm
διαιτάω: to treat, (pass.) live one's life
ἐκδίδωμι: to give up, surrender
ἔνυδρος, -ον: holding water, well-watered
ἐξοχετεύω: draw off
ἐοίκα: to be like
ἐρημίη, ἡ: a desert, wilderness
θερμός, -ή, -όν: hot, warm
ἰσχύς, -ύος, ἡ: strength
καλέω: to call
λειμακώδης, -ες: meadowy, grassy
λόγος, ὁ: a work, account
λοιπός, -ή, -όν: remaining, the rest
μέτριος, -η, -ον: within measure, moderate

μορφή, ἡ: form, shape
Νομάς, -άδος, ὁ: roaming about for pasture, a Nomad
οἰκέω: to inhabit, occupy
οἴκημα, -ατος, τό: a dwelling, house
οὐδαμῶς: in no way, not at all
πεδιάς, -άδος: flat, level
πεδίον, τό: a plain, flat
πλῆθος, -εος, τό: the largest part, mass
πλήν: except
ποταμός, ὁ: a river, stream
Σκύθης, -ου, ὁ: a Scythian
φθείρω: to ruin, destroy
ψιλός, -ή, -όν: bare
ψυχρός, -ή, -όν: cold, chill
ὦμος, ὁ: a shoulder

(ὥστε) ἐκδιδόναι: res. cl., "so that all strength and bulk *is surrendered to*"
αὐτοῖσιν: dat. after ἐοίκασι, "they are similar *to themselves*"
ὡυτὸς (= ὁ αὐτὸς): "the same account"
οἱ μὲν... οἱ δε: "the latter... the former"
εἰσι βεβιασμένοι: perf. part. periphrastic, "they are oppressed"
ἡ ἐρημίη καλευμένη: *the so-called desert of the Scythians*

αἱ δὲ ἄμαξαί εἰσιν, αἱ μὲν ἐλάχισται τετράκυκλοι, αἱ δὲ
ἑξάκυκλοι· αὗται δὲ πίλοισι περιπεφραγμέναι· εἰσὶ δὲ καὶ
τετεχνασμέναι ὥσπερ οἰκήματα, τὰ μὲν ἁπλᾶ, τὰ δὲ τριπλᾶ:
ταῦτα δὲ καὶ στεγνὰ πρὸς ὕδωρ, καὶ πρὸς χιόνα, καὶ πρὸς τὰ
πνεύματα. τὰς δὲ ἀμάξας ἕλκουσι ζεύγεα, τὰς μὲν δύο, τὰς δὲ
τρία βοῶν, κέρως ἄτερ: οὐ γὰρ ἔχουσι κέρατα ὑπὸ ψύχεος. ἐν
ταύτῃσι μὲν οὖν τῇσιν ἁμάξῃσιν αἱ γυναῖκες διαιτεῦνται: αὐτοὶ
δ' ἐφ' ἵππων ὀχεῦνται οἱ ἄνδρες. ἕπονται δὲ αὐτοῖς καὶ τὰ
πρόβατα τὰ ἐόντα καὶ αἱ βόες καὶ οἱ ἵπποι: μένουσι δ' ἐν τῷ
αὐτῷ τοσοῦτον χρόνον, ὅσον ἂν ἀπόχρῃ αὐτοῖσι τοῖς κτήνεσιν

ἄμαξα, ἡ: a wagon
ἀνήρ, ἀνδρός, ὁ: a man
ἁπλόος, -η, -ον: simple, single
ἀποχράω: to suffice, be sufficient, be
  enough
ἄτερ: without (+ *gen.*)
βοῦς, ὁ: a cow
γυνή, γυναικός, ἡ: a woman
διαιτάω: to treat, (pass.) live one's life
δύο: two
ἐλάχιστος, -η, -ον: smallest, least
ἕλκω: to draw, drag
ἑξάκυκλος, -ον: six-wheeled
ἕπομαι: to follow
ζεῦγος, -εος, τό: a yoke of beasts, pair
ἵππος, ὁ: a horse
κέρας, κέρως, τό: a horn
κτῆνος, -εος, τό: a beast, (*pl.*) herd, flock

μένω: to stay, remain
οἴκημα, -ατος, τό: a dwelling, house
ὅσος, -η, -ον: how much, how great
ὀχέω: to uphold, endure, (pass.) to ride
περιφράσσω: to fence, enclose
πῖλος, ὁ: felt, felt cloth
πρόβατον, τό: a sheep
στεγνός, -ή, -όν: proof, waterproof
τετράκυκλος, -ον: four-wheeled
τεχνάζω: to employ art, contrive
τοσοῦτος, -αύτη, -οῦτο: so large, so much
τρεῖς, τρία: three
τριπλόος, -η, -ον: triple, threefold
χιών, -όνος, ἡ: snow
χρόνος, ὁ: time
ψῦχος, -εος, τό: cold

αἱ μὲν ἐλάχισται ... αἱ δὲ: (sc. μέγισται) "while the smallest... the largest"
περιπεφραγμέναι: perf. part. (sc. εἰσι) periphrastic, "these are enclosed"
τετεχνασμέναι: perf. part., "they are contrived"
τὰ μὲν ἁπλᾶ, τὰ δὲ τριπλᾶ: The wagons may be divided into several
  compartments, like rooms in a house.
πρὸς ὕδωρ...πνεύματα: "proof against water, etc."
τὰς μὲν...τὰς δὲ: "some (wagons)... while others"
κέρως ἄτερ: antistrophe, "without horn"
ὑπὸ ψύχεος: "because of the cold"
τὰ ἐόντα: pr. part. attrib. with πρόβατα, "the ones *that are there*"
ἐν τῷ αὐτῷ: "in the same (place)"
ὅσον ἂν ἀπόχρῃ: pr. subj. in temp.cl., "so long as fodder is sufficient"

ὁ χόρτος· ὁκόταν δὲ μηκέτι, ἐς ἑτέρην χώρην ἔρχονται. αὐτοὶ
δ' ἐσθίουσι κρέα ἐφθά, καὶ πίνουσι γάλα ἵππων, καὶ ἱππάκην
τρώγουσι· τοῦτο δ' ἐστὶ τυρὸς ἵππων.

How environmental factors affect the constitution of the Scythians.

[19.] τὰ μὲν ἐς τὴν δίαιταν αὐτῶν οὕτως ἔχει καὶ τοὺς
νόμους· περὶ δὲ τῶν ὡρέων καὶ τῆς μορφῆς, ὅτι πολὺ
ἀπήλλακται τῶν λοιπῶν ἀνθρώπων τὸ Σκυθικὸν γένος, καὶ
ἔοικεν αὐτὸ ἑωυτῷ, ὥσπερ τὸ Αἰγύπτιον, καὶ ἥκιστα
πολύγονόν ἐστιν, καὶ ἡ χώρη ἐλάχιστα θηρία τρέφει κατὰ
μέγεθος καὶ πλῆθος. κεῖται γὰρ ὑπ' αὐτῆσι τῆσιν ἄρκτοις καὶ
τοῖς ὄρεσι τοῖς Ῥιπαίοισιν, ὅθεν ὁ βορέης πνεῖ: ὅ τε ἥλιος

Αἰγύπτιος, -η, -ον: Egyptian
ἀπαλλάσσω: to depart from, differ from
   (+ *gen.*)
ἄρκτος, ἡ: the north
βορέης, -ου, ὁ: the north wind
γάλα, γάλακτος, τό: milk
γένος, -εος, τό: race, stock
δίαιτα, ἡ: a way of living, lifestyle
ἐλάχιστος, -η, -ον: smallest, least
ἔρχομαι: to go, migrate
ἐσθίω: to eat
ἐφθός, -ή, -όν: boiled, dressed
ἥκιστος, -η, -ον: least
θηρίον, τό: a wild animal, beast
ἱππάκη, ἡ: mare's-milk cheese
ἵππος, ὁ: a horse, mare
κεῖμαι: to be laid, lie
κρέας, τό: flesh, meat
λοιπός, -ή, -όν: remaining, the rest
μέγεθος, -εος, τό: magnitude, size, stature

μηκέτι: no more, no longer, no further
μορφή, ἡ: form, shape
νόμος, ὁ: a usage, custom, law
ὅθεν: from which, whence
ὁκόταν: whenever
ὄρος, -εος, τό: a mountain, hill
πίνω: to drink
πλῆθος, -εος, τό: a great number, crowd,
   multitude
πνέω: to blow
πολύγονος, -ον: producing much
   offspring, prolific
Ῥιπαία, τά: the Rhipaean (mountains)
Σκυθικός, -ή, -όν: Scythian
τρέφω: to grow, bring up, rear
τρώγω: to gnaw, munch, eat
τυρός, ὁ: cheese
χόρτος, ὁ: pasture, fodder
χώρη, ἡ: a space, place, region
ὥρη, ἡ: a period, season

ἀπήλλακται: perf. pas., "it differs from" + gen.
αὐτὸ ἑωυτῷ: "it (γένος) is like *itself*"
Ῥιπαίοισιν: the Rhipaean mountains, a fabled range at the extreme north of the
   known world

τελευτῶν ἐγγύτατα γίνεται, ὁκόταν ἐπὶ τὰς θερινὰς ἔλθῃ
περιόδους, καὶ τότε ὀλίγον χρόνον θερμαίνει, καὶ οὐ σφόδρα·
τὰ δὲ πνεύματα τὰ ἀπὸ τῶν θερμῶν πνέοντα οὐκ ἀφικνεῖται,
ἢν μὴ ὀλιγάκις καὶ ἀσθενέα, ἀλλ' ἀπὸ τῶν ἄρκτων αἰεὶ
πνέουσι πνεύματα ψυχρὰ ἀπό τε χιόνος καὶ κρυστάλλου καὶ
ὑδάτων πολλῶν. οὐδέποτε δὲ τὰ ὄρεα ἐκλείπει· ἀπὸ τούτων δὲ
δυσοίκητά ἐστιν. ἠήρ τε κατέχει πολὺς τῆς ἡμέρης τὰ πεδία,
καὶ ἐν τούτοισι διαιτεῦνται· ὥστε τὸν μὲν χειμῶνα αἰεὶ εἶναι,
τὸ δὲ θέρος ὀλίγας ἡμέρας, καὶ ταύτας μὴ λίην. μετέωρα γὰρ

αἰεί: always, forever
ἄρκτος, ἡ: the north
ἀσθενής, -ές: without strength, weak,
 feeble
ἀφικνέομαι: to come to, arrive
διαιτάω: to treat, (pass.) to live one's life
δυσοίκητος, -ον: bad to dwell in,
 uninhabitable
ἐγγύς: near, nigh, at hand
ἐκλείπω: to leave out, pass over
ἔρχομαι: to go, come
ἠήρ, ἠέρος, ὁ: air, fog
ἡμέρη, ἡ: a day
θερινός, -ή, -όν: of summer, in summer
θερμαίνω: to warm, heat
θερμός, -ή, -όν: hot, warm
θέρος, -εος, τό: summer
κατέχω: to hold fast, occupy

κρύσταλλος, ὁ: ice
λίην: very, exceedingly
μετέωρος, -ον: raised, high-lying
ὁκόταν: whenever
ὀλιγάκις: but few times, seldom
ὀλίγος, -η, -ον: few, little, small
ὄρος, -εος, τό: a mountain, hill
οὐδέποτε: not ever, never
πεδίον, τό: a plain, flat
περίοδος, ἡ: a going around, orbit, cycle
πνέω: to blow
σφόδρα: very, much
τελευτάω: to finish, complete
τότε: at that time, then
χειμών, -ῶνος, ὁ: winter
χιών, -όνος, ἡ: snow
χρόνος, ὁ: time
ψυχρός, -ή, -όν: cold, chill

τελευτῶν: pr. part., "as it is setting"
ὁκόταν ἔλθῃ: ao. subj. in temp. cl., "whenever it comes"
ἐπὶ τὰς θερινὰς περιόδους: "during the summer solstice"
ὀλίγον χρόνον: acc. of duration of time, "for a short while"
ἀπὸ τῶν θερμῶν: "winds blowing *from warm* (*regions*)"
ἢν (=ἐάν) μὴ: "unless"
ἐκλείπει: "(the ice) leaves"
τῆς ἡμέρης: gen. time within which, "during the day"
καὶ ἐν τούτοισι: "even on these"
διαιτεῦνται: (= διαιτῶνται) "they pass their lives"
ὥστε εἶναι: pr. inf. of εἰμί in result cl., "*so that the winter is* perpetual"
ὀλίγας ἡμέρας: acc. of duration of time, "the summer (lasts) *for a few days*"

τὰ πεδία καὶ ψιλά, καὶ οὐκ ἐστεφάνωνται ὄρεσιν, ἀλλ' ἢ
ἀνάντεα ἀπὸ τῶν ἄρκτων. αὐτόθι καὶ τὰ θηρία οὐ γίνεται
μεγάλα, ἀλλ' οἶά τέ ἐστιν ὑπὸ γῆν σκεπάζεσθαι. ὁ γὰρ χειμὼν
κωλύει καὶ τῆς γῆς ἡ ψιλότης, ὅτι οὐκ ἔστιν ἀλέη οὐδὲ σκέπη.
αἱ δὲ μεταβολαὶ τῶν ὡρέων οὐκ εἰσὶ μεγάλαι οὐδὲ ἰσχυραί,
ἀλλ' ὅμοιαι καὶ ὀλίγον μεταλλάσουσαι· διότι καὶ τὰ εἴδεα
ὅμοιοι αὐτοὶ ἑωυτοῖς εἰσι σίτῳ τε χρεώμενοι αἰεὶ ὁμοίῳ,
ἐσθῆτί τε τῇ αὐτῇ καὶ θέρεος καὶ χειμῶνος, τόν τε ἠέρα
ὑδατεινὸν ἕλκοντες καὶ παχύν, τά τε ὕδατα πίνοντες ἀπὸ

αἰεί: always, for ever
ἀλέη, ἡ: warmth
ἀνάντης, -ες: steep, sloped
ἄρκτος, ἡ: the north
αὐτόθι: on the spot, there
γῆ, ἡ: earth
διότι: since
εἶδος, -εος, τό: a form, shape, appearance
ἕλκω: to draw, drag
ἐσθής, -ῆτος, ἡ: dress, clothing
ἠήρ, ἠέρος, ὁ: air
θέρος, -εος, τό: summer
θηρίον, τό: a wild animal, beast
ἰσχυρός, -ή, -όν: strong, mighty
κωλύω: to hinder, check, prevent
μεταβολή, ἡ: a change, changing
μεταλλάσσω: to change

οἷός τέ εἰμι: to be able (+ ind.)
ὀλίγος, -η, -ον: few, little, small
ὅμοιος, -η, -ον: like, similar
ὄρος, -εος, τό: a mountain, hill
παχύς, -εῖα, -ύ: thick, coarse
πεδίον, τό: a plain, flat
πίνω: to drink
σῖτος, ὁ: corn, grain, food
σκεπάζω: to cover, shelter
σκέπη, ἡ: a covering, shelter, protection
στεφανόω: to surround
ὑδατεινός, -ή, -όν: watery, moist
χειμών, -ῶνος, ὁ: winter
χρέομαι: to use, enjoy (+ dat.)
ψιλός, -ή, -όν: bare, empty
ψιλότης, -ητος, ἡ: nakedness, bareness
ὥρη, ἡ: a period, season

ἐστεφάνωνται: perf. pas., "the plains have not *been surrounded* by mountains"
ἀλλ' ἤ: "but rather"
σκεπάζεσθαι: pas. inf., complementing οἷά τέ ἐστιν, "they are such as are able *to be sheltered*"
ὅμοιαι: "but they are *similar* (to one another)"
ὀλίγον: "they change *little*"
τὰ εἴδεα: acc. resp., "in physique"
ἐσθῆτί τε τῇ αὐτῇ: dat. after χρεώμενοι, "using *the same clothing*"
καὶ θέρεος καὶ χειμῶνος: gen. of time within which, "both in summer and in winter"
ἕλκοντες: pr. part., "drawing (air)" i.e. breathing

χιόνος καὶ παγετῶν, τοῦ τε ταλαιπώρου ἀπεόντος· οὐ γὰρ
οἷόν τε τὸ σῶμα ταλαιπωρεῖσθαι, οὐδὲ τὴν ψυχὴν, ὅκου
μεταβολαὶ μὴ γίνονται ἰσχυραί. διὰ ταύτας τὰς ἀνάγκας τὰ
εἴδεα αὐτῶν παχέα ἐστὶ καὶ σαρκώδεα, καὶ ἄναρθρα καὶ ὑγρὰ
καὶ ἄτονα, αἵ τε κοιλίαι ὑγρόταται, πασέων κοιλιῶν αἱ κάτω.
οὐ γὰρ οἷόν τε νηδὺν ἀναξηραίνεσθαι ἐν τοιαύτῃ χώρῃ καὶ
φύσει καὶ ὥρης καταστάσει, ἀλλὰ διὰ πιμελήν τε καὶ ψιλὴν
τὴν σάρκα, τά τε εἴδεα ἔοικεν ἀλλήλοισι, τά τε ἄρσενα τοῖς
ἄρσεσι, καὶ τὰ θήλεα τοῖς θήλεσιν. τῶν γὰρ ὡρέων
παραπλησίων ἐουσέων, φθοραὶ οὐκ ἐγγίνονται οὐδὲ κακώσιες

ἀλλήλων: one another, each other
ἀνάγκη, ἡ: force, constraint, necessity
ἀναξηραίνω: to dry up
ἄναρθρος, -ον: without (apparent) joints, not articulated
ἄπειμι: to be away, be absent
ἄρσην, -εν: male
ἄτονος, -ον: slack, relaxed, flabby
ἐγγίνομαι: to intervene, take place, happen
εἶδος, -εος, τό: a form, shape, appearance
ἔοικε: be like (+ *dat.*)
θῆλυς, θήλεια, θῆλυ: female
ἰσχυρός, -ή, -όν: strong, mighty
κάκωσις, -ιος, ἡ: ill-treatment, distress
κατάστασις, -ιος, ἡ: a settling, state, condition
κάτω: down, downwards
κοιλίη, ἡ: belly, (*pl.*) bowels

μεταβολή, ἡ: a change, changing
νηδύς, -ύος, ἡ: a stomach
οἷος τε εἰμι: I am able (+ *inf.*)
παγετός, ὁ: frost
παραπλήσιος, -η, -ον: nearly resembling
παχύς, -εῖα, ύ: thick, stout
πιμελή, ἡ: soft fat
σαρκώδης, -ες: fleshy
σάρξ, σαρκός, ἡ: flesh
ταλαιπωρέω: to go through hard labor, to suffer hardship
ταλαίπωρον, τό: hardihood, the hard life
ὑγρός, -ή, -όν: wet, moist, fluid
φθορή, ἡ: destruction, ruin, corruption
χιών, -όνος, ἡ: snow
χώρη, ἡ: a space, place, region
ψιλός, -ή, -όν: bare, naked
ψυχή, ἡ: spirit, mind
ὥρη, ἡ: a period, season

τοῦ τε ταλαιπώρου ἀπεόντος: gen. abs., "with the hard life being absent"
τὸ σῶμα ταλαιπωρέεσθαι: acc. + inf. after οἷόν τε (sc. ἐστι), "for it is not possible for the body to suffer hardship"
αἱ κάτω: "those below (i.e. the lower bowels, or intestines) are most moist of all"
νηδὺν ἀναξηραίνεσθαι: acc. + inf. after οἷόν τε (sc. ἐστι), "for it is not possible for the stomach to be dried up"
ὡρέων ἐουσέων: gen. abs., "the seasons being similar"

ἐν τῇ τοῦ γόνου συμπήξει, ἢν μή τινος ἀνάγκης βιαίου τύχῃ ἢ νούσου.

On the moistness of the Scythians and its consequences for their health.

[20.] μέγα δὲ τεκμήριον ἐς τὴν ὑγρότητα παρέξομαι. Σκυθέων γὰρ τοὺς πολλούς, ἅπαντας ὅσοι Νομάδες, εὑρήσεις κεκαυμένους τούς τε ὤμους καὶ τοὺς βραχίονας καὶ τοὺς καρποὺς τῶν χειρῶν καὶ τὰ στήθεα, καὶ τὰ ἰσχία καὶ τὴν ὀσφὺν, δι' ἄλλ' οὐδὲν ἢ διὰ τὴν ὑγρότητα τῆς φύσιος καὶ τὴν μαλακίην. οὐ γὰρ δύνανται οὔτε τοῖς τόξοις συντείνειν, οὔτε τῷ ἀκοντίῳ ἐμπίπτειν τῷ ὤμῳ ὑπὸ ὑγρότητος καὶ ἀτονίης· ὁκόταν δὲ καυθέωσιν, ἀναξηραίνεται ἐκ τῶν ἄρθρων τὸ πολὺ

ἀκόντιον, τό: a javelin
ἀνάγκη, ἡ: force, constraint, necessity
ἀναξηραίνω: to dry up
ἅπας, -πασα, -παν: all, the whole
ἄρθρον, τό: a joint
ἀτονία, ἡ: slackness, flabbiness
βίαιος, -ον: forcible, violent
βραχίων, ονος, ὁ: an arm
γόνος, ὁ: seed
δύναμαι: to be able, be possible
ἐμπίπτω: to throw
εὑρίσκω: to find
ἰσχίον, -ου, τό: a hip
καίω: to burn, cauterize
καρπός, ὁ: a wrist

μαλακίη, ἡ: softness, delicacy
Νομάς, -άδος, ὁ: a Nomad
νοῦσος, ἡ: a sickness, disease
ὁκόταν: whenever
ὀσφύς, -ύος, ἡ: loins
παρέχω: to furnish, provide, supply
στῆθος, -εος, τό: a breast
σύμπηξις, -ιος, ἡ: coagulation
συντείνω: to draw tight
τεκμήριον, τό: a sure sign, proof
τόξον, τό: a bow
τυγχάνω: to chance upon (+ gen.)
ὑγρότης, -ατος, ἡ: wetness, moisture
χείρ, χειρός, ἡ: a hand
ὦμος, ὁ: a shoulder

ἢν μή τύχῃ: ao. subj. of τυγχάνω in pr. gen. cond., "*unless there occurs* some necessity or disease"

τύχῃ: dat. of means, "by the chance of" + gen.

ὑγρότητα: "the moistness (of the Scythians)"

παρέξομαι: fut. of παρέχω, "I will provide proof"

ἅπαντας ὅσοι Νομάδες: "all of the ones who (are) Nomads)"

κεκαυμένους: perf. part. in ind. st. after εὑρήσεις, "you will find that their shoulders *have been cauterized*"

δι(α) ἄλλ(ο) οὐδὲν ἢ: "because of nothing other than"

τῷ ὤμῳ: dat. of means, "with their shoulder"

ὁκόταν καυθῶσιν: ao. pas. subj. in indef. temp. cl., "whenever these are cauterized..."

τοῦ ὑγροῦ, καὶ ἐντονώτερα μᾶλλον γίνεται, καὶ τροφιμώτερα
καὶ ἠρθρωμένα τὰ σώματα μᾶλλον. ῥοϊκὰ δὲ γίνεται καὶ
πλατέα, πρῶτον μὲν ὅτι οὐ σπαργανοῦνται ὥσπερ ἐν
Αἰγύπτῳ, οὐδὲ νομίζουσι διὰ τὴν ἱππασίην, ὅκως ἂν εὔεδροι
ἔωσιν· ἔπειτα δὲ διὰ τὴν ἕδρην· τά τε γὰρ ἄρσενα, ἕως ἂν οὐχ
οἷά τε ἐφ' ἵππου ὀχεῖσθαι, τὸ πολὺ τοῦ χρόνου κάθηται ἐν τῇ
ἁμάξῃ, καὶ βραχὺ τῇ βαδίσει χρέονται, διὰ τὰς μεταναστάσιας
καὶ περιελάσιας· τὰ δὲ θήλεα θαυμαστὸν οἷον ῥοϊκά ἐστι τε
καὶ βραδέα τὰ εἴδεα. πυρρὸν δὲ τὸ γένος ἐστὶ τὸ Σκυθικὸν διὰ

Αἴγυπτος, ἡ: Egypt
ἄμαξα, ἡ: a wagon
ἀρθρόω: to fasten by a joint, (pas.) be articulated
ἄρσην, -εν: male
βάδισις, -ιος, ἡ: a walking, going on foot
βραδύς, -εῖα, -ύ: slow, sluggish
βραχύς, -εῖα, -ύ: short
γένος, -εος, τό: a race, stock
ἕδρη, ἡ: a sitting, inactivity
εἶδος, -εος, τό: a form, shape, appearance
ἔντονος, -ον: well-strung, sinewy
ἔπειτα: thereupon, then
εὔεδρος, -ον: a good sitting (on a horse)
θαυμαστός, -ή, -όν: wondrous, wonderful, marvelous
θῆλυς, θήλεια, θῆλυ: female
ἱππασία, ἡ: riding, horse-exercise

ἵππος, ὁ: a horse, mare
κάθημαι: to be seated
μετανάστασις, -ιος, ἡ: a migration
νομίζω: to hold, think, practice
οἷός τε εἰμι: I am able to (+ inf.)
ὀχέομαι: to ride
περιέλασις, -ιος, ἡ: a driving around
πλατύς, -εῖα, -ύ: wide, broad, squat
πυρρός, -ή, -όν: yellowish-red, tawny
ῥοικός, -ή, -όν: crooked, curved
Σκυθικός, -ή, -όν: Scythian
σπαργανόω: to wrap in swaddling-clothes, swathe
τρόφιμος, -η, -ον: well-nourished, healthy
ὑγρός, -ή, -όν: wet, moist, fluid
χρέομαι: to use, enjoy (+ dat.)
χρόνος, ὁ: time

τὸ πολὺ τοῦ ὑγροῦ: "the excess of the moisture"
γίνεται: "their bodies *become*"
ἠρθρωμένα: perf. part. of ἀρθρόω, "articulated"
ὥσπερ ἐν Αἰγύπτῳ: "as they do in Egypt" but the text may be corrupt here since it is unlikely that Egyptians used swaddling clothes
οὐδὲ νομίζουσι: "nor are they (the Scythians) accustomed (to do this)"
ὅκως ἂν εὔεδροι ἔωσιν: pr. subj. of εἰμι in purp. cl., "in order to be good riders"
ἔπειτα: "secondly, on account of..."
ἕως ἂν οὐχ οἷά τε (sc. ᾖ): pr. subj. in temp. cl., "as long as they are not able to" + inf.
βραχὺ: adv., "seldom"
θαυμαστὸν οἷον ἐστι: " it is wonderful that" + acc. + inf.

85

τὸ ψύχος, οὐκ ἐπιγινομένου ὀξέος τοῦ ἡλίου: ὑπὸ δὲ τοῦ ψύχεος ἡ λευκότης ἐπικαίεται καὶ γίνεται πυρρή.

The Scythian constitution promotes infertility.

[21] πολύγονον δὲ οὐχ οἷόν τε εἶναι φύσιν τοιαύτην: οὔτε γὰρ τῷ ἀνδρὶ ἡ ἐπιθυμίη τῆς μείξιος γίνεται πολλὴ διὰ τὴν ὑγρότητα τῆς φύσιος καὶ τῆς κοιλίης τὴν μαλθακότητά τε καὶ τὴν ψυχρότητα, ἀφ' ὅτων ἥκιστα εἰκὸς ἄνδρα οἷόν τε λαγνεύειν: καὶ ἔτι ὑπὸ τῶν ἵππων αἰεὶ κοπτόμενοι, ἀσθενέες γίνονται ἐς τὴν μείξιν. τοῖσι μὲν ἀνδράσιν αὗται αἱ προφάσιες γίνονται: τῇσι δὲ γυναιξὶν ἥ τε πιότης τῆς σαρκὸς καὶ ὑγρότης: οὐ γὰρ δύνανται ἔτι συναρπάζειν αἱ μῆτραι τὸν

αἰεί: always, forever	μαλθακότης, -ητος, ἡ: softness
ἀνήρ, ἀνδρός, ὁ: a man	μείξις, -ιος, ἡ: mixing, sex
ἀσθενής, -ές: without strength, weak	μήτρη, ἡ: womb
γυνή, γυναικός, ἡ: a woman	μίξις, -ιος, ἡ: mixing, sex
δύναμαι: to be able to (+ *inf.*)	οἷός τε εἰμι: I am able to (+ *inf.*)
εἰκός: likely	ὀξύς, -εῖα, -ύ: sharp, keen
ἐπιγίνομαι: to supervene, come about, befall	πιότης, -ητος, ἡ: fattiness
ἐπιθυμίη, ἡ: desire for (+ *gen.*)	πολύγονος, -ον: producing much offspring, prolific
ἐπικαίω: to light up, burn	πρόφασις, -ιος, ἡ: alleged cause
ἥκιστος, -η, -ον: least	πυρρός, -ή, -όν: yellowish-red, tawny
ἵππος, ὁ: a horse, mare	σάρξ, σαρκός, ἡ: flesh
κοιλίη, ἡ: belly, (*pl.*) bowels	συναρπάζω: to seize
κόπτω: to strike, smite	ὑγρότης, -ατος, ἡ: wetness, moisture
λαγνεύω: have sexual intercourse	ψῦχος, -εος, τό: cold
λευκότης, -ητος, ἡ: whiteness	ψυχρότης, -ητος, ἡ: coldness, cold

---

οὐκ ἐπιγιγνομένου τοῦ ἡλίου: gen. abs., "not (because of) the sun befalling"
ἡ λευκότης: "*the whiteness* (of their skin) is burned"
οἷόν τε (sc. ἐστι): "nor *is it possible*" + acc. + inf.
ἀφ' ὅτων: "from which things"
εἰκὸς (sc. ἐστι): it is least *likely* that" + acc. + inf.
οἷόν τε (sc. εἶναι): "that a man is able to" + inf.
τοῖσι μὲν...τῇσι δὲ: "while for the men... for the women"

γόνον· οὔτε γὰρ ἐπιμήνιος κάθαρσις αὐτῆσι γίνεται ὡς χρεών
ἐστιν, ἀλλ' ὀλίγον καὶ διὰ χρόνου· τό τε στόμα τῶν μητρέων
ὑπὸ πιμελῆς συγκλείεται, καὶ οὐχ ὑποδέχεται τὸν γόνον· αὐταί
τε ἀταλαίπωροι καὶ πίεραι, καὶ αἱ κοιλίαι ψυχραὶ καὶ
μαλακαί. ὑπὸ τούτων τῶν ἀναγκέων οὐ πολύγονόν ἐστι τὸ
γένος τὸ Σκυθικόν. μέγα δὲ τεκμήριον αἱ οἰκέτιδες ποιέουσιν·
οὐ γὰρ φθάνουσι παρὰ ἄνδρα ἀφικνεύμεναι, καὶ ἐν γαστρὶ
ἴσχουσιν διὰ τὴν ταλαιπωρίην καὶ ἰσχνότητα τῆς σαρκός.

The infertility of the Scythians and its causes.

[22] ἔτι τε πρὸς τούτοισιν εὐνουχίαι γίνονται οἱ
πλεῖστοι ἐν Σκύθῃσι, καὶ γυναικεῖα ἐργάζονται, καὶ ὡς αἱ
γυναῖκες διαιτεῦνται διαλέγονταί τε ὁμοίως· καλεῦνταί τε οἱ

ἀνάγκη, ἡ: force, constraint, necessity
ἀταλαίπωρος, -ον: indifferent, careless
ἀφικνέομαι: to come to
γαστήρ, -έρος, ἡ: the paunch, belly
γένος, -εος, τό: race, stock, family
γόνος, ὁ: seed
γυναικεῖος, -η, -ον: of or belonging to
    women
γυνή, γυναικός, ἡ: a woman
διαιτάω: to treat, (pass.) to live one's life
διαλέγω: to converse
ἐπιμήνιος, -ον: monthly
ἐργάζομαι: to work, labor
εὐνουχίας, -ου, ὁ: impotent
ἰσχνότης, -ητος, ἡ: thinness, leanness
ἴσχω: to hold
κάθαρσις, -ιος, ἡ: a cleansing
καλέω: to call
κοιλίη, ἡ: belly, (pl.) bowels
μαλακός, -ή, -όν: soft

οἴκετις, -ιδος, ἡ: slave-girl
ὀλίγος, -η, -ον: few, little, small
ὅμοιος, -η, -ον: like, resembling
πίερος, -η, -ον: fat
πιμελής, -ές: fat
πλεῖστος, -η, -ον: most, largest
ποιέω: to do, make
πολύγονος, -ον: prolific
σάρξ, σαρκός, ἡ: flesh
Σκυθικός, -ή, -όν: Scythian
στόμα, τό: a mouth
συγκλείω: to enclose
ταλαιπωρία, ἡ: hard work, hardship
τεκμήριον, τό: a sure sign, proof
ὑποδέχομαι: to receive
φθάνω: to do first or before (+ part.)
χρεών, τό: that which ought be, expedient
χρόνος, ὁ: time
ψυχρός, -ή, -όν: cold, chill

ὡς χρεών ἐστιν: "as it should"
διὰ χρόνου: "far apart in time
αὐταί: "the women themselves"
οὐ φθάνουσι ἀφικνεύμεναι: "they no sooner arrive and they have"
αἱ γυναῖκες: "they live like women," the definite article is generic

τοιοῦτοι Ἀναριεῖς. οἱ μὲν ἐπιχώριοι τὴν αἰτίην προστιθέασι
θεῷ, καὶ σέβονται τούτους τοὺς ἀνθρώπους καὶ προσκυνέουσι,
δεδοικότες περὶ ἑωυτῶν ἕκαστοι. ἐμοὶ δὲ καὶ αὐτῷ δοκεῖ
ταῦτα τὰ πάθεα θεῖα εἶναι καὶ τἆλλα πάντα, καὶ οὐδὲν ἕτερον
ἑτέρου θειότερον οὐδὲ ἀνθρωπινώτερον, ἀλλὰ πάντα ὅμοια καὶ
πάντα θεῖα· ἕκαστον δὲ αὐτῶν ἔχει φύσιν τὴν ἑωυτοῦ καὶ
οὐδὲν ἄνευ φύσιος γίνεται. καὶ τοῦτο τὸ πάθος, ὥς μοι δοκεῖ
γίνεσθαι, φράσω· ὑπὸ τῆς ἱππασίης αὐτοὺς κέδματα λαμβάνει,
ἅτε αἰεὶ κρεμαμένων ἀπὸ τῶν ἵππων τῶν ποσῶν· ἔπειτα
ἀποχωλοῦνται καὶ ἑλκοῦνται τὰ ἰσχία οἳ ἂν σφόδρα
νοσήσωσιν. ἰῶνται δὲ σφᾶς αὐτοὺς τρόπῳ τοιῷδε· ὁκόταν γὰρ

αἰτία, ἡ: a charge, cause
Ἀναριεῖς: androgynous
ἄνευ: without (+ gen.)
ἀνθρώπινος, -η, -ον: human
ἀποχωλόομαι: to be quite lame
ἅτε: just as, so as (+ part.)
δείδω: to fear
ἕκαστος, -η, -ον: every, each
ἑλκόμαι: to suffer from sores
ἔπειτα: thereupon
ἐπιχώριος, -η, -ον: of a place, native
θεῖος, -η, -ον: divine
ἰάομαι: to heal, cure
ἱππασίη, ἡ: riding, horse-exercise
ἵππος, ὁ: a horse

ἴσχιον, τό: hip-joint
κέδματα, -ων, τά: a kind of sore
κρεμάννυμι: to hang
λαμβάνω: to take
νοσέω: to be sick
ὅμοιος, -η, -ον: like, resembling
πάθος: experience, suffering
πούς, ὁ: a foot
προσκυνέω: to make obeisance to
προστίθημι: to put X (acc.) on Y (dat.)
σέβομαι: to feel awe or fear
σφόδρα: very
τρόπος, ὁ: a turn, direction, course, way
φράζω: to point out, show, indicate

Ἀναριεῖς: In Herod. 1.105 and 4.67 it is spelled Ἐναρεες, perhaps a Scythian word
δεδοικότες: perf. part. of δείδω, "being afraid"
ἐμοὶ δὲ καὶ αὐτῷ: "even to me these seem"
τἆλλα πάντα: "all the others"
ἑτέρου: gen. of comp. after θειότερον, "more divine than another"
τὴν ἑωυτοῦ: attributive phrase, "its own nature"
κρεμαμένων: pr. pas. part. in gen. abs. with causal particle ἅτε, "because their feet
   are always being dangled from their horses." Jones reads τοῖς ποσίν.
οἳ ἂν νοσήσωσιν: ao. subj. in gen. rel. cl., "whoever is ill"

ἄρχηται ἡ νοῦσος, ὄπισθεν τοῦ ὠτὸς ἑκατέρου φλέβα
τάμνουσιν. ὁκόταν δὲ ἀπορρυῇ τὸ αἷμα, ὕπνος ὑπολαμβάνει
ὑπὸ ἀσθενείης, καὶ καθεύδουσιν. ἔπειτα ἀνεγείρονται, οἱ μέν
τινες ὑγιέες ἐόντες, οἱ δ' οὔ. ἐμοὶ μὲν οὖν δοκεῖ ἐν ταύτῃ τῇ
ἰήσει διαφθείρεσθαι ὁ γόνος· εἰσὶ γὰρ παρὰ τὰ ὦτα φλέβες, ἃς
ἐάν τις ἐπιτάμῃ, ἄγονοι γίνονται οἱ ἐπιτμηθέντες. ταύτας
τοίνυν μοι δοκέουσι τὰς φλέβας ἐπιτάμνειν. οἱ δὲ μετὰ ταῦτα,
ἐπειδὰν ἀφίκωνται παρὰ γυναῖκας, καὶ μὴ οἷοί τε ἔωσι
χρῆσθαι σφίσιν, τὸ πρῶτον οὐκ ἐνθυμεῦνται, ἀλλ' ἡσυχίην
ἔχουσι. ὁκόταν δὲ δὶς καὶ τρὶς καὶ πλεονάκις αὐτοῖσι

ἄγονος, -ον: impotent
αἷμα, -ατος, τό: blood
ἀνεγείρω: to wake up, rouse
ἀπορρέω: to flow or run off, stream forth
ἄρχω: to begin
ἀσθενείη, ἡ: want of strength, weakness
ἀφικνέομαι: to come to
γόνος, ὁ: seed
γυνή, γυναικός, ἡ: a woman
διαφθείρω: to destroy utterly
δίς: twice, doubly
ἑκάτερος: each of two
ἐνθυμέομαι: to notice, be concerned
ἐπειδάν: whenever (+ *subj.*)
ἔπειτα: thereupon
ἐπιτάμνω: to cut on the surface

ἡσυχίη, ἡ: stillness, rest, quiet
ἴησις, -ιος, ἡ: a healing
καθεύδω: to lie down to sleep, sleep
νοῦσος, ἡ: a sickness, disease
οἷός τε εἰμι: I am able to (+ *inf.*)
ὄπισθεν: behind (+ *gen.*)
οὖς, ὠτός, τό: an ear
πλεονάκις: more frequently, oftener
τάμνω: to cut, hew
τοίνυν: therefore, accordingly
τρίς: thrice, three times
ὑγιής, -ές: sound, healthy
ὕπνος, ὁ: sleep, slumber
ὑπολαμβάνω: to overtake
φλέψ, φλεβός, ἡ: a vein
χρέομαι: to use, have sex with (+ *dat.*)

ὁκόταν ἄρχηται: pr. subj. in gen. temp. cl., "whenever it begins"
ὅταν δὲ ἀπορρυῇ: ao. subj. of ἀπορρέω in gen. temp. cl., "once it has begun to
  flow"
οἱ μέν, οἱ δ' οὔ: "some being... others not"
διαφθείρεσθαι: pr. pas. inf., "the seed seems *to be destroyed*"
ἐάν τις ἐπιτάμῃ: ao. subj. in pr. gen. cond., "if someone cuts"
οἱ ἐπιτμηθέντες: ao. pas. part., "those who have been cut"
δοκέουσι: "they (who perform the operation) seem to me to" + inf.
ἐπειδὰν ἀφίκωνται: ao. subj. in gen. temp. cl., "whenever they arrive"
μὴ οἷοί τε ἔωσι: pr. subj. in gen. temp. cl., "(and when) they are not able to" + inf.

πειρωμένοισι μηδὲν ἀλλοιότερον ἀποβαίνῃ, νομίσαντές τι
ἡμαρτηκέναι τῷ θεῷ ὃν ἐπαιτιῶνται, ἐνδύονται στολὴν
γυναικείην, καταγνόντες ἑωυτῶν ἀνανδρείην. γυναικίζουσί τε
καὶ ἐργάζονται μετὰ τῶν γυναικῶν ἃ καὶ ἐκεῖναι.

The cause of the Scythian afflictions is indicated by its provenance among the wealthy.

τοῦτο δὲ πάσχουσι Σκυθέων οἱ πλούσιοι, οὐχ οἱ
κάκιστοι, ἀλλ' οἱ εὐγενέστατοι καὶ ἰσχὺν πλείστην κεκτημένοι,
διὰ τὴν ἱππασίην, οἱ δὲ πένητες ἧσσον· οὐ γὰρ ἱππάζονται.
καίτοι ἐχρῆν, ἐπεὶ θειότερον τοῦτο τὸ νόσευμα τῶν λοιπῶν
ἐστιν, οὐ τοῖσι γενναιοτάτοισι τῶν Σκυθέων καὶ τοῖς
πλουσιωτάτοις προσπίπτειν μούνοις, ἀλλὰ τοῖσιν ἅπασιν

ἀλλοῖος, -η, -ον: different	ἰσχύς, -ύος, ἡ: strength
ἁμαρτάνω: to miss, wrong	κακός, -ή, -όν: bad, inferior
ἀνανδρείη, ἡ: want of manhood	καταγιγνώσκω: to remark, discover
ἅπας, -πασα, -παν: all, the whole	κτάομαι: to get, gain, acquire
ἀποβαίνω: to occur	λοιπός, -ή, -όν: remaining, the rest
γενναῖος, -η, -ον: nobly born	μοῦνος, -η, -ον: alone
γυναικεῖος, -η, -ον: of women, female	νομίζω: to hold, think, believe
γυναικίζω: to be womanish, play the woman	νόσευμα, -ατος, τό: sickness
	πάσχω: to suffer
ἐνδύω: to put on	πειράω: to attempt, endeavor, try
ἐπαιτιάομαι: to bring a charge against, accuse	πένης, -ητος, ὁ: a poor man
	πλεῖστος, -η, -ον: most, largest
ἐργάζομαι: to work, labor	πλούσιος, -η, -ον: rich, wealthy, opulent
εὐγενής, -ές: well-born, noble	προσπίπτω: to fall upon
ἥσσων, -ον: less	Σκύθης, -ου, ὁ: a Scythian
ἱππάζομαι: to ride horses	στολή, ἡ: a garment
ἱππασίη, ἡ: riding, horse-exercise	χρή: it is fated, necessary

---

πειρωμένοισι: pr. part. dat. pl., "to them trying"
ὁκόταν ... ἀποβαίνῃ: pr. subj. in gen. temp. cl., "when it happens"
μηδὲν ἀλλοιότερον: adv., "not otherwise at all"
ἡμαρτηκέναι: perf. inf. in ind. st. after νομίσαντές, "thinking that *they have wronged*" + dat.
καταγνόντες: ao. part., "having realized"
κεκτημένοι: perf. part., "those who have gained the most strength"
ἧσσον: "are afflicted *less*"
ἐχρῆν: the imperf. has a contrafactual force even with out ἄν, "it would be necessary" + inf.
ἅπασιν: dat. after προσπίπτειν, "but to fall *on all* equally"

ὁμοίως, καὶ μᾶλλον τοῖσιν ὀλίγα κεκτημένοισιν, εἰ δὴ
τιμώμενοι χαίρουσιν οἱ θεοὶ καὶ θαυμαζόμενοι ὑπ' ἀνθρώπων,
καὶ ἀντὶ τούτων χάριτας ἀποδιδόασιν. εἰκὸς γὰρ τοὺς μὲν
πλουσίους θύειν πολλὰ τοῖς θεοῖς, καὶ ἀνατιθέναι ἀναθήματα,
ἐόντων χρημάτων πολλῶν, καὶ τιμᾶν, τοὺς δὲ πένητας ἧσσον,
διὰ τὸ μὴ ἔχειν, ἔπειτα καὶ ἐπιμεμφομένους ὅτι οὐ διδόασι
χρήματα αὐτοῖσιν, ὥστε τῶν τοιούτων ἁμαρτιῶν τὰς ζημίας
τοὺς ὀλίγα κεκτημένους φέρειν μᾶλλον ἢ τοὺς πλουσίους.
ἀλλὰ γάρ, ὥσπερ καὶ πρότερον ἔλεξα, θεῖα μὲν καὶ ταῦτά

ἁμαρτία, ἡ: a failure, fault, sin
ἀνάθημα, -ατος, τό: a votive offering
ἀνατίθημι: to set up, dedicate
ἀντί: opposite, in return (+ gen.)
ἀποδίδωμι: to give up or back, restore,
   return
δίδωμι: to give
εἰκός: likely
ἐπιμέμφομαι: to cast blame upon
ζημία, ἡ: loss, damage
ἧσσων, -ον: less
θαυμάζω: to wonder, marvel, be
   astounded
θεῖος, -η, -ον: divine

θεός, ὁ: a god
θύω: to sacrifice
κτάομαι: to get, gain, acquire
ὀλίγος, -η, -ον: few, little, small
ὅμοιος, -η, -ον: alike
πένης, -ητος, ὁ: a poor man
πλούσιος, -η, -ον: rich, wealthy, opulent
τιμάω: to honor
φέρω: to bear
χαίρω: to rejoice, be glad, be delighted
χάρις, -ιτος, ἡ: grace
χρῆμα, -ατος: a thing that one uses,
   wealth

τοῖσιν κεκτημένοισιν: perf. part. dat. also after προσπίπτειν, "*on those possessing
   little*"
τιμωμένοι, θαυμαζόμενοι: pr. part. pas. supplementing χαίρουσιν, "if indeed the
   gods enjoy *being honored* and *being marveled at* by men"
θύειν ... ἀνατιθέναι ... τιμᾶν: inf. with εἰκὸς, "it is likely that *they sacrifice ...
   dedicate ... honor*"
ἐόντων χρημάτων: gen. abs. causal, "since there are many riches (to them)"
διὰ τὸ μὴ ἔχειν: art. inf., "on account of not having"
ἐπιμεμφομένους: pr. part. causal giving an additional reason for not sacrificing,
   "then also because they (the poor) blame"
ὅτι οὐ διδόασι: "because they (the gods) do not give"
ὥστε ... φέρειν: res. cl., "*so that* those possessing little *bear*"
τῶν τοιούτων ἁμαρτιῶν: "the penalties *of such sins*" i.e. the alleged causes of the
   illness
ἔλεξα: wk. ao. of λέγω, instead of εἶπον, "as I said"

ἐστιν ὁμοίως τοῖς ἄλλοις· γίνεται δὲ κατὰ φύσιν ἕκαστα: καὶ ἡ
τοιαύτη νοῦσος ἀπὸ τοιαύτης προφάσιος τοῖς Σκύθῃσι γίνεται
οἵην εἴρηκα. ἔχει δὲ καὶ κατὰ τοὺς λοιποὺς ἀνθρώπους ὁμοίως.
ὅκου γὰρ ἱππάζονται μάλιστα καὶ πυκνότατα, ἐκεῖ πλεῖστοι
ὑπὸ κεδμάτων καὶ ἰσχιάδων καὶ ποδαγριῶν ἁλίσκονται, καὶ
λαγνεύειν κάκιστοί εἰσιν. ταῦτα δὲ τοῖσί τε Σκύθῃσι πρόσεστι,
καὶ εὐνουχοειδέστατοί εἰσιν ἀνθρώπων διὰ ταύτας τε τὰς
προειρημένας προφάσιας, καὶ ὅτι ἀναξυρίδας ἔχουσιν αἰεὶ καὶ
εἰσὶν ἐπὶ τῶν ἵππων τὸ πλεῖστον τοῦ χρόνου, ὥστε μήτε χειρὶ
ἅπτεσθαι τοῦ αἰδοίου, ὑπό τε τοῦ ψύχεος καὶ τοῦ κόπου
ἐπιλαθέσθαι τοῦ ἱμέρου καὶ τῆς μείξιος, καὶ μηδὲν παρακινεῖν
πρότερον ἢ ἀνανδρωθῆναι.

αἰδοῖον, τό: the genitals
ἀλίσκομαι: to be taken, conquered
ἀνανδρόομαι: to become impotent
ἀναξυρίδες, -ίδων, αἱ: trousers
ἅπτομαι: to grasp (+ gen.)
ἕκαστος, -η, -ον: every, each
ἐπιλανθάνομαι: to forget (+ gen.)
εὐνουχοειδής, -ές: like a eunuch
ἵμερος, ὁ: a desire
ἱππάζομαι: to ride horses
ἰσχιάς, -άδος, ἡ: hip-disease
κακός, -ή, -όν: bad
κέδματα, -των, τά: a kind of sore
κόπος, ὁ: a striking, beating
λαγνεύω: to have sexual intercourse

λοιπός, -ή, -όν: remaining, the rest
μείξις, -ιος, ἡ: sex
νοῦσος, ἡ: a sickness, disease
οἷος, οἵη, οἷον: such as
ὅμοιος, -η, -ον: like, resembling
παρακινέω: to move aside, disturb
πλεῖστος, -η, -ον: most, largest
ποδαγρίη, ἡ: gout
πρόσειμι: to belong to (+ dat.)
πρόφασις, -ιος, ἡ: an alleged cause
πυκνός, -ή, -όν: close, frequent
Σκύθης, -ου, ὁ: a Scythian
χείρ, ἡ: a hand
χρόνος, ὁ: time
ψῦχος, -εος, τό: cold

εἴρηκα: perf. of λέγω, "I have said"
ἔχει...ὁμοίως: "it is similar"
λαγνεύειν: inf. epex. after κάκιστοί, "very bad *at having intercourse*"
προειρημένας: perf. part. of προ-λέγω, "the aforementioned"
ἐπὶ τῶν ἵππων: pred., "because they are *on horses*"
ὥστε ... ἅπτεσθαι ... ἐπιλαθέσθαι ... παρακινεῖν: inf. in res. cl., "so that they do
    not *touch* ... so that they *forget* ... so that they *disturb* nothing"
ἀνανδρωθῆναι: ao. pas inf. after ἤ, "before *they are made impotent*"

The other European peoples are more heterogeneous and thus more courageous.

[23] περὶ μὲν οὖν τῶν Σκυθέων οὕτως ἔχει τοῦ γένεος.
τὸ δὲ λοιπὸν γένος τὸ ἐν τῇ Εὐρώπῃ διάφορον αὐτὸ ἑωυτῷ
ἐστι, καὶ κατὰ τὸ μέγεθος καὶ κατὰ τὰς μορφὰς, διὰ τὰς
μεταλλαγὰς τῶν ὡρέων, ὅτι μεγάλαι γίνονται καὶ πυκναὶ, καὶ
θάλπεά τε ἰσχυρὰ καὶ χειμῶνες καρτεροὶ, καὶ ὄμβροι πολλοὶ,
καὶ αὖθις αὐχμοὶ πολυχρόνιοι, καὶ πνεύματα, ἐξ ὧν μεταβολαὶ
πολλαὶ καὶ παντοδαπαί. ἀπὸ τούτων εἰκὸς αἰσθάνεσθαι καὶ
τὴν γένεσιν ἐν τῇ συμπήξει τοῦ γόνου ἄλλοτε ἄλλην καὶ μὴ τῷ
αὐτῷ τὴν αὐτὴν γίνεσθαι, ἔν τε τῷ θέρει καὶ τῷ χειμῶνι, μηδὲ
ἐν ἐπομβρίῃ καὶ αὐχμῷ. διότι τὰ εἴδεα διηλλάχθαι νομίζω τῶν
Εὐρωπαίων μᾶλλον ἢ τῶν Ἀσιηνῶν καὶ τὰ μεγέθεα

αἰσθάνομαι: to perceive
αὖθις: back, back again
αὐχμός, ὁ: drought
γένεσις, -ιος, ἡ: an origin, source
γένος, -εος, τό: race
γόνος, ὁ: a seed
διαλλάσσω: to vary
διάφορος, -ον: different, unlike
διότι: for the reason that, since
εἶδος, -εος, τό: form, shape, figure
εἰκός: reasonable
ἐπομβρίη, ἡ: heavy rain, abundance of
    wet, wet weather
Εὐρωπαῖος, -η, -ον: European
Εὐρώπη, ἡ: Europe
θάλπος, -εος, τό: warmth, heat
θέρος, -εος, τό: summer

ἰσχυρός, -ή, -όν: strong, mighty
καρτερός, -ή, -όν: strong, staunch, stout
λοιπός, -ή, -όν: remaining, the rest
μέγεθος, -εος, τό: greatness, stature
μεταβολή, ἡ: a change, changing
μεταλλαγή, ἡ: change
μορφή, ἡ: form, shape
νομίζω: to hold, think, believe
ὄμβρος, ὁ: heavy rain
παντοδαπός, -ή, -όν: of every kind
πολυχρόνιος, -ον: long-lasting
πυκνός, -ή, -όν: close, frequent
Σκύθης, -ου, ὁ: a Scythian
σύμπηξις, -ιος, ἡ: coagulation
χειμών, -ῶνος, ὁ: winter
ὥρη, ἡ: a period, season

τὴν γένεσιν ... ἄλλην καὶ μὴ τὴν αὐτὴν γίνεσθαι: acc. + inf. in ind. st. after
    αἰσθάνεσθαι (which usually takes the participle), "to see *that generation is
    different and not the same*"
τῷ αὐτῷ: dat. of ref, "the same *for the same seed*"
ἐν τῇ συμπήξει τοῦ γόνου: "in the coagulation of the seed" i.e., in the formation
    of the fetus
διηλλάχθαι: ao. pas. inf in ind. st. after νομίζω, "that the physique *varies*"
μᾶλλον ἤ: "*more than* among Asians"

διαφορώτατα αὐτὰ ἑωυτοῖς εἶναι κατὰ πόλιν ἑκάστην. αἱ γὰρ
φθοραὶ πλείονες ἐγγίνονται τοῦ γόνου ἐν τῇ συμπήξει ἐν τῇσι
μεταλλαγῇσι τῶν ὡρέων πυκνῇσιν ἐούσῃσιν ἢ ἐν τῇσι
παραπλησίῃσι καὶ ὁμοίῃσι. περί τε τῶν ἠθέων ὁ αὐτὸς λόγος·
τό τε ἄγριον καὶ τὸ ἄμεικτον καὶ τὸ θυμοειδὲς ἐν τῇ τοιαύτῃ
φύσει ἐγγίνεται· αἱ γὰρ ἐκπλήξιες πυκναὶ γινόμεναι τῆς
γνώμης τὴν ἀγριότητα ἐντιθέασι· τὸ δὲ ἥμερόν τε καὶ ἤπιον
ἀμαυροῦσι· διό καὶ εὐψυχοτέρους νομίζω τοὺς τὴν Εὐρώπην
οἰκέοντας εἶναι ἢ τοὺς τὴν Ἀσίην. ἐν μὲν γὰρ τῷ αἰεὶ
παραπλησίῳ αἱ ῥᾳθυμίαι ἔνεισιν, ἐν δὲ τῷ μεταβαλλομένῳ αἱ
ταλαιπωρίαι τῷ σώματι καὶ τῇ ψυχῇ. καὶ ἀπὸ μὲν ἡσυχίης καὶ

ἄγριος, -η, -ον: wild
ἀγριότης, -ητος, ἡ: wildness, savageness
ἀμαυρόω: to make dim, faint
ἄμεικτος, -ον: unmingled
Ἀσίη, ἡ: Asia
γνώμη, ἡ: mind
γόνος, ὁ: seed
διάφορος, -ον: different, unlike
ἐγγίνομαι: to take place, happen
ἕκαστος, -η, -ον: every, each
ἔκπληξις, -ιος, ἡ: consternation
ἔνειμι: to be in (+ dat.)
ἐντίθημι: to introduce
Εὐρώπη, ἡ: Europe
εὔψυχος, -ον: courageous
ἦθος, -εος, τό: character

ἥμερος, -η, -ον: tame, tamed, reclaimed
ἤπιος, -η, -ον: gentle, mild, kind
ἡσυχίη, ἡ: stillness, rest, quiet
θυμοειδής, -ές: high-spirited, courageous
μεταβάλλω: to vary
μεταλλαγή, ἡ: change
νομίζω: to hold, think, believe
οἰκέω: to inhabit, occupy
ὅμοιος, -η, -ον: like, resembling
παραπλήσιος, -η, -ον: similar
πυκνός, -ή, -όν: close, frequent
ῥᾳθυμίη, ἡ: laziness
σύμπηξις, -ιος, ἡ: coagulation
ταλαιπωρία, ἡ: hard work, hardship
φθορή, ἡ: corruption
ὥρη, ἡ: a period, season

εἶναι: also in ind. st., "that their statures *are* most different"
πλείονες ... ἤ: "*more* corruptions *than* in"
ἐούσῃσιν: pr. part. dat. of εἰμι agreeing with μεταλλαγῇσι, "the changes *when they are frequent*"
παραπλησίῃσι καὶ ὁμοίῃσιν (sc. ὥρῃσι): "than in (seasons) *that are similar*" i.e. to each other
νομίζω ... εἶναι: ind. st., "I believe that they are"
ἐν μὲν τῷ αἰεὶ παραπλησίῳ: sc. (γένει): "while in the perpetually similar (race)"

ῥᾳθυμίης ἡ δειλίη αὔξεται, ἀπὸ δὲ τῆς ταλαιπωρίης καὶ τῶν
πόνων αἱ ἀνδρεῖαι. διὰ τοῦτό εἰσι μαχιμώτεροι οἱ τὴν
Εὐρώπην οἰκέοντες, καὶ διὰ τοὺς νόμους, ὅτι οὐ βασιλεύονται
ὥσπερ οἱ Ἀσιηνοί. ὅκου γὰρ βασιλεύονται, ἐκεῖ ἀνάγκη
δειλοτάτους εἶναι. εἴρηται δέ μοι καὶ πρότερον. αἱ γὰρ ψυχαὶ
δεδούλωνται καὶ οὐ βούλονται παρακινδυνεύειν ἑκόντες εἰκῇ
ὑπὲρ ἀλλοτρίης δυνάμιος. ὅσοι δὲ αὐτόνομοι — ὑπὲρ ἑωυτῶν
γὰρ τοὺς κινδύνους αἰρεῦνται καὶ οὐκ ἄλλων — προθυμεῦνται
ἑκόντες καὶ ἐς τὸ δεινὸν ἔρχονται. τὰ γὰρ ἀριστεῖα τῆς νίκης
αὐτοὶ φέρονται. οὕτως οἱ νόμοι οὐχ ἥκιστα τὴν εὐψυχίην
ἐργάζονται.

αἱρέομαι: to choose
ἀλλότριος, -η, -ον: of or belonging to
  another
ἀνάγκη, ἡ: force, constraint, necessity
ἀνδρείη, ἡ: manliness, manly spirit
ἀριστεῖα, τά: the prize of bravest
αὔξω: to make large, increase, augment
αὐτόνομος, -ον: independent
βασιλεύω: to rule
βούλομαι: to will, wish
δειλίη, ἡ: cowardice
δειλός, -ή, -όν: cowardly, craven
δεινός, -ή, -όν: fearful, terrible, dread, dire
δουλόω: to make a slave of, enslave
δύναμις, -ιος, ἡ: a power, ability, property
εἰκῇ: rashly, at a venture
ἑκών: willing, of free will, readily

ἐργάζομαι: to work, labor
ἔρχομαι: to come or go
Εὐρώπη, ἡ: Europe
εὐψυχίη, ἡ: good courage, high spirit
ἥκιστος, -η, -ον: least
κίνδυνος, ὁ: a danger
μάχιμος, -ον: fit for battle, warlike
νίκη, ἡ: victory
νόμος, ὁ: law, custom
οἰκέω: to inhabit, occupy
ὅσος, -η, -ον: whoever
παρακινδυνεύω: to do a daring thing
πόνος, ὁ: work
προθυμέομαι: to be eager
ταλαιπωρίη, ἡ: hard work, hardship
φέρομαι: to bear for oneself, to win
ψυχή, ἡ: soul

ὅκου βασιλεύονται: pr. pas., "where they are ruled"
εἴρηται: perf. of λέγω, "has been said"
δεδούλωνται: perf. pas., "have been enslaved"
αἰρεῦνται: pr. (= αἰροῦνται), "they chose"

95

Hippocrates

The differences among various peoples within Europe are due to these environmental factors.

[24] τὸ μὲν οὖν ὅλον καὶ τὸ ἄπαν οὕτως ἔχει περί τε τῆς Εὐρώπης καὶ τῆς Ἀσίης. ἔνεισι δὲ καὶ ἐν τῇ Εὐρώπῃ φῦλα διάφορα ἕτερα ἑτέροισι καὶ τὰ μεγέθεα καὶ τὰς μορφὰς καὶ τὰς ἀνδρείας. τὰ δὲ διαλλάσσοντα ταῦτά ἐστιν, ἃ καὶ ἐπὶ τῶν πρότερον εἴρηται. ἔτι δὲ σαφέστερον φράσω. ὁκόσοι μὲν χώρην ὀρεινήν τε οἰκέουσι καὶ τρηχείαν καὶ ὑψηλὴν καὶ ἔνυδρον, καὶ αἱ μεταβολαὶ αὐτοῖσι γίνονται τῶν ὡρέων μέγα διάφοροι, ἐνταῦθα εἰκὸς εἴδεα μεγάλα εἶναι, καὶ πρὸς τὸ ταλαίπωρον καὶ τὸ ἀνδρεῖον εὖ πεφυκότα, καὶ τό τε ἄγριον καὶ τὸ θηριῶδες αἱ τοιαῦται φύσιες οὐχ ἥκιστα ἔχουσιν.

ἄγριος, -η, -ον: living in the fields
ἀνδρείη, ἡ: manliness, manhood, manly spirit
ἀνδρεῖος, -η, -ον: manly
ἄπας, -πασα, -παν: all, the whole
Ἀσίη, ἡ: Asia
διαλλάσσω: to vary
διάφορος, -ον: different, unlike
εἶδος, -εος, τό: form, shape, figure
εἰκός: likely
ἔνειμι: to be in
ἔνυδρος, -ον: with water in it
Εὐρώπη, ἡ: Europe
ἥκιστος, -η, -ον: least
θηριώδης, -ες: full of wild beasts
μέγεθος, -εος, τό: stature

μεταβολή, ἡ: a change, changing
μορφή, ἡ: form, shape
οἰκέω: to inhabit, occupy
ὅλος, -η, -ον: whole, entire
ὀρεινός, -ή, -όν: mountainous, hilly
σαφής, -ές: clear, plain, distinct, manifest
ταλαίπωρος, -ον: suffering, hard-working
τρηχείος, -η, -ον: rugged
ὑψηλός, -ή, -όν: high, high-raised
φράζω: to point out, indicate
φῦλον, τό: a race, tribe, class
φύω: to bring forth, produce, put forth
χώρη, ἡ: a space, place, region
ὥρη, ἡ: a period, season

τὸ ἄπαν (sc. ἦθος): "the whole (character)"
ἕτερα ἑτέροισι: "different *each from the others*"
καὶ τὰ μεγέθεα: acc. resp., "both in stature, etc."
διαλλάσσοντα: pr. part. n. pl., "these are *the variations*"
εἴρηται: perf. of λέγω, "has been said"
μέγα: adv., "very"
εἰκὸς ... εἶναι: "(it is) likely that their stature are"
εὖ πεφυκότα: perf. part. pred. of εἴδεα, "statures *that are naturally well suited*"

ὁκόσοι δὲ κοῖλα χωρία καὶ λειμακώδεα καὶ πνιγηρὰ καὶ τῶν
θερμῶν πνευμάτων πλέον μέρος μετέχουσιν ἢ τῶν ψυχρῶν
ὕδασί τε χρέονται θερμοῖσιν, οὗτοι δὲ μεγάλοι μὲν οὐκ ἂν
εἴησαν οὐδὲ κανονίαι, ἐς εὖρος δὲ πεφυκότες καὶ σαρκώδεες
καὶ μελανότριχες, καὶ αὐτοὶ μέλανες μᾶλλον ἢ λευκότεροι,
φλεγματίαι τε ἧσσον ἢ χολώδεες· τὸ δὲ ἀνδρεῖον καὶ τὸ
ταλαίπωρον ἐν τῇ ψυχῇ, φύσει μὲν οὐκ ἂν ὁμοίως ἐνείη, νόμος
δὲ προσγενόμενος ἀπεργάσοιτ' ἄν. καὶ εἰ μὲν ποταμοὶ
ἐνείησαν ἐν τῇ χώρῃ, οἵτινες ἐκ τῆς χώρης ἐξοχετεύουσι τό τε

ἀνδρεῖος, -η, -ον: of or for a man
ἀπεργάζομαι: to produce, to bring to
  perfection
ἔνειμι: to be in
ἐξοχετεύω: draw off
εὖρος, -εος, τό: breadth, width
ἥσσων, ἥσσον: less
θερμός, -ή, -όν: hot, warm
κανονίας, -ου, ὁ: a well-made man
κοῖλος, -η, -ον: hollow, hollowed
λειμακώδης, -ες: like meadows, grassy
λευκός, -ή, -όν: light, bright, brilliant
μελανόθριξ, -τριχος: black-haired
μέλας, -αινα, μέλαν: black, swarthy
μέρος, -εος, τό: a part, share
μετέχω: share in, take part in

νόμος, ὁ: custom, law, ordinance
ὅμοιος, -η, -ον: like, resembling
πλέων, -ον: more (than)
πνιγηρός, -ή, -όν: stifling hot
ποταμός, ὁ: a river, stream
προσγίνομαι: to attach oneself to
σαρκώδης, -ες: fleshy
ταλαίπωρος, -ον: suffering, miserable
φλεγματίας, -ου, ὁ: a phlegmatic person
φύω: to bring forth, produce, put forth
χολώδης, -ες: like bile or gall, bilious
χρέομαι: to use (+ dat.)
χώρη, ἡ: a space, place, region
χωρίον, τό: a place district
ψυχή, ἡ: breath
ψυχρός, -ή, -όν: cold, chill

πνευμάτων: gen. pl. after μέρος, "larger share *of winds*"
ἢ τῶν ψυχρῶν: comparative after πλέον, "share of hot winds more *than cold ones*"
ἂν εἴησαν: pr. opt. potential of εἰμι, "these would not be"
πεφυκότες: perf. part., "being naturally inclined toward"
ἧσσον ἤ: "phlegmatic *less than* bilious" i.e. more likely to be bilious
οὐκ ἂν ἐνείη: pr. opt. pot. of ἐν-ειμι, "*would not be in* the soul"
προσγενόμενος: ao. part. with cond. force, "if law were to become attached"
ἀπεργάσοιτ' ἄν: apodosis of fut. less viv. cond., "the law would produce (courage
  and endurance)"
εἰ ἐνείησαν ... ἂν εἴησαν: pr. opt. of ἐν-ειμι and εἰμι in fut. less. viv. cond., "if
  there were rivers in the land ... these would be healthy"

97

στάσιμον καὶ τὸ ὄμβριον, οὗτοι ἂν ὑγιηροί τε εἴησαν καὶ
λαμπροί. εἰ μέντοι ποταμοὶ μὲν μὴ εἴησαν, τὰ δὲ ὕδατα
λιμναῖα τε καὶ στάσιμα πίνοιεν καὶ ἑλώδεα, ἀνάγκη τὰ
τοιαῦτα εἴδεα προγαστρότερα καὶ σπληνώδεα εἶναι. ὁκόσοι δὲ
ὑψηλὴν τε οἰκέουσι χώρην καὶ λείην καὶ ἀνεμώδεα καὶ
ἔνυδρον, εἶεν ἂν εἴδεα μεγάλοι καὶ ἑωυτοῖσι παραπλήσιοι·
ἀνανδρότεραι δὲ καὶ ἡμερώτεραι αἱ γνῶμαι. ὁκόσοι δὲ λεπτά
τε καὶ ἄνυδρα καὶ ψιλά, τῇσι μεταβολῇσι τῶν ὡρέων οὐκ
εὔκρητα, ἐν ταύτῃ τῇ χώρῃ τὰ εἴδεα εἰκὸς σκληρά τε εἶναι καὶ
ἔντονα, καὶ ξανθότερα ἢ μελάντερα, καὶ τὰ ἤθεα καὶ τὰς

ἀνάγκη, ἡ: necessity	μέλας, μέλαινα, μέλαν: black
ἄνανδρος, -ον: unmanly	μεταβολή, ἡ: a change, changing
ἀνεμώδης, -ες: windy	ξανθός, -ή, -όν: yellow
ἄνυδρος, -ον: wanting water, waterless	οἰκέω: to inhabit, occupy
γνώμη, ἡ: a mind	ὄμβριος, -ον: rainy (water)
εἶδος, -εος, τό: form, shape, figure	παραπλήσιος, -ον: nearly resembling
εἰκός: likely	πίνω: to drink
ἑλώδης, -ες: marshy, fenny	ποταμός, ὁ: a river, stream
ἔντονος, -ον: well-strung, sinewy	προγαστρότερος: "more pot-bellied"
ἔνυδρος, -ον: with water in it	σκληρός, -ή, -όν: hard
εὔκρατος, -ον: well-mixed, temperate	σπληνώδης, -ες: having a large spleen
ἦθος, -εος, τό: an accustomed place	στάσιμος, -ον: standing (water)
ἥμερος, -η, -ον: tame	ὑγιηρός, -ή, -όν: good for the health,
λαμπρός, -ή, -όν: bright, brilliant, radiant	wholesome
λεῖος, -η, -ον: smooth, plain, not	ὑψηλός, -ή, -όν: high, lofty, high-raised
embroidered	χώρη, ἡ: a space, place, region
λεπτός, -ή, -όν: thin, sparse	ψιλός, -η, -ον: bare
λιμναῖος, -η, -ον: marshy	ὥρη, ἡ: a period, season

εἰ μὴ εἴησαν ... πίνοιεν: pr. opt., "if there were no rivers ... if they would drink" in
   past gen. cond.
ἀνάγκη (sc. εἴη ἂν): "it would be necessary" + inf.
εἶεν ἂν: potential opt., *they would be great*
ἑωυτοῖσι: dat. refl., "to each other"
ὁκόσοι (sc. οἰκέουσι): "those who (inhabit)"
λεπτά (sc. χωρία): "sparse (places)"
οὐκ εὔκρητα: pred., "(places) not moderate"
εἰκὸς (sc. ἐστι) εἶναι: "it is likely that statures are"

ὀργὰς αὐθάδεάς τε καὶ ἰδιογνώμονας. ὅκου γὰρ μεταβολαί εἰσι πυκνόταται τῶν ὡρέων καὶ πλεῖστον διάφοροι αὐταὶ ἑωυτῇσιν, ἐκεῖ καὶ τὰ εἴδεα καὶ τὰ ἤθεα καὶ τὰς φύσιας εὑρήσεις πλεῖστον διαφερούσας. μέγισται μὲν οὖν εἰσιν αὗται τῆς φύσιος αἱ διαλλαγαί: ἔπειτα δὲ καὶ ἡ χώρη ἐν ᾗ ἄν τις τρέφηται, καὶ τὰ ὕδατα. εὑρήσεις γὰρ ἐπὶ τὸ πλῆθος τῆς χώρης τῇ φύσει ἀκολουθέοντα καὶ τὰ εἴδεα τῶν ἀνθρώπων καὶ τοὺς τρόπους. ὅκου μὲν γὰρ ἡ γῆ πίειρα καὶ μαλθακὴ καὶ ἔνυδρος, καὶ τὰ ὕδατα κάρτα μετέωρα, ὥστε θερμὰ εἶναι τοῦ

ἀκολουθέω: to follow
αὐθάδης, -ες: self-willed, stubborn
γῆ, ἡ: earth
διαλλαγή, ἡ: difference
διαφέρω: to differ
διάφορος, -ον: different, unlike
εἶδος, -εος, τό: form, shape, figure
ἔνυδρος, -ον: with water in it
ἔπειτα: next (in importance)
εὑρίσκω: to find
ἦθος, -εος, τό: an accustomed place
θερμός, -ή, -όν: hot, warm
ἰδιογνώμων, -ον: independent
κάρτα: very
μαλθακός, -ή, -όν: soft

μέγιστος, -η, -ον: greatest
μεταβολή, ἡ: a change, changing
μετέωρος, -ον: raised from the ground
ὀργή, ἡ: natural impulse, disposition, nature
πίειρος, -η, -ον: fat, rich
πλεῖστος, -η, -ον: most, largest
πλῆθος, -εος, τό: a great number, a throng, crowd, multitude
πυκνός, -ή, -όν: close, frequent
τρέφω: to thicken or congeal
τρόπος, ὁ: a turn, way, manner
χώρη, ἡ: a space, place, region
ὥρη, ἡ: a period, season

πλεῖστον: adv., "most different"
ἑωυτῇσιν: dat., "different *from each other*"
εὑρήσεις: fut., "you will find"
διαφερούσας: pr. part. pred. of τὰς φύσιας, "constitutions *differing*"
αὗται αἱ διαλλαγαί: "these differences"
ἐν ᾗ ἄν τις τρέφηται: pr. subj. in gen. rel. cl., "in which someone is raised"
ἐπὶ τὸ πλῆθος: "for the most part"
ἀκολουθέοντα: pr. part. in ind. st. after εὑρήσεις, "you will find that the characters *conform to*" + dat.
καὶ τοὺς τρόπους: also the subj. of ἀκολουθέοντα, "and their manners"
ὥστε εἶναι: res. cl., "so that they are hot"

99

θέρεος, καὶ τοῦ χειμῶνος ψυχρὰ, καὶ τῶν ὡρέων καλῶς κεῖται,
ἐνταῦθα καὶ οἱ ἄνθρωποι σαρκώδεές εἰσι καὶ ἄναρθροι καὶ
ὑγροὶ, καὶ ἀταλαίπωροι, καὶ τὴν ψυχὴν κακοὶ ὡς ἐπὶ τὸ πολύ.
τό τε ῥάθυμον καὶ τὸ ὑπνηρόν ἔνεστιν ἐν αὐτοῖς ἰδεῖν· ἔς τε
τὰς τέχνας παχέες καὶ οὐ λεπτοὶ οὐδ' ὀξέες. ὅκου δ' ἐστὶν ἡ
χώρη ψιλή τε καὶ ἄνυδρος καὶ τρηχεία, καὶ ὑπὸ τοῦ χειμῶνος
πιεζομένη, καὶ ὑπὸ τοῦ ἡλίου κεκαυμένη, ἐνταῦθα δὲ σκληρούς
τε καὶ ἰσχνοὺς καὶ διηρθρωμένους καὶ ἐντόνους καὶ δασέας ἂν
ἴδοις· τό τε ἐργατικὸν ἐνεὸν ἐν τῇ φύσει τῇ τοιαύτῃ καὶ τὸ

ἄναρθρος, -ον: without visible joints (i.e.
   because of being fat)
ἀνύδρος, -ον: waterless
ἀταλαίπωρος, -ον: indifferent, careless
δασύς, -εῖα, -ύ: shaggy, rough
διαρθρόω: to divide by joints, to articulate
ἔντονος, -ον: well-strung, sinewy
ἐργατικός, -ή, -όν: given to labor, active
θέρος, -εος, τό: summer, summertime
ἰσχνός, -ή, -όν: dry, withered, lean,
   meager
καίω: to burn, kindle
κακός, -ή, -όν: inferior
κεῖμαι: to be situated
λεπτός, -ή, -όν: delicate, subtle

ὀξύς, -εῖα, -ύ: sharp, keen
παχύς, -εῖα: thick, dense
πιέζω: to press, squeeze, press tight
ῥάθυμος, -ον: slack
σαρκώδης, -ες: fleshy
σκληρός, -ή, -όν: hard
τέχνη, ἡ: art, skill, craft in work
τραχύς, -εῖα, -ύ: rugged, rough
ὑγρός, -ή, -όν: wet, moist, running, fluid
ὑπνηρός, -ή, -όν: drowsy
χειμών, -ῶνος, ὁ: winter
χώρη, ἡ: a space, place, region
ψιλός, -ή, -όν: bare
ψυχρός, -ή, -όν: cold, chill
ὥρη, ἡ: a period, season

τοῦ θέρεος: gen. of time within which, "in summer"
καλῶς κεῖται: "and is situated well"
τὴν ψυχὴν: acc. resp., "cowardly *in spirit*"
ὡς ἐπὶ τὸ πολύ: "for the most," the ὡς makes it only approximate.
ἰδεῖν: ao. inf., "it is possible *to see*"
κεκαυμένη: perf. part., "burned"
διηρθρωμένους: perf. part., "well-articulated" i.e. with good joints
ἂν ἴδοις: ao. opt. pot., "you might see"
ἐνεὸν: pr. part. of ἐν-εἰμι in ind. st. after εὑρήσεις, "you will find that activity *is in*
   such a nature"

ἄγρυπνον, τά τε ἤθεα καὶ τὰς ὀργὰς αὐθάδεας καὶ
ἰδιογνώμονας, τοῦ τε ἀγρίου μᾶλλον μετέχοντας ἢ τοῦ ἡμέρου,
ἔς τε τὰς τέχνας ὀξυτέρους τε καὶ συνετωτέρους καὶ τὰ
πολέμια ἀμείνους εὑρήσεις: καὶ τἄλλα τὰ ἐν τῇ γῇ φυόμενα
πάντα ἀκόλουθα ἐόντα τῇ γῇ. αἱ μὲν ἐναντιώταται φύσιές τε
καὶ ἰδέαι ἔχουσιν οὕτως. ἀπὸ δὲ τούτων τεκμαιρόμενος τὰ
λοιπὰ ἐνθυμέεσθαι, καὶ οὐχ ἁμαρτήσῃ.

ἄγριος, -η, -ον: wild
ἄγρυπνος, -ον: vigilant
ἀκόλουθος, -ον: following, attending on (+ dat.)
ἁμαρτάνω: to miss
ἀμείνων, -ον: better, abler
αὐθάδης, -ες: self-willed, stubborn
γῆ, ἡ: earth
ἐναντίος, -η, -ον: opposite
ἐνθυμέομαι: consider well, reflect on, ponder
εὑρίσκω: to find
ἦθος, -εος, τό: an accustomed place
ἥμερος, -η, -ον: tame, tamed, reclaimed

ἰδέα, ἡ: form
ἰδιογνώμων, -ον: holding one's own opinion, independent
λοιπός, -ή, -όν: remaining, the rest
μετέχω: to partake of, share in
ὀξύς, -εῖα, -ύ: sharp, keen
ὀργή, ἡ: natural impulse, temperament, disposition
πολέμιος, -η, -ον: of or belonging to war
συνετός, -ή, -όν: intelligent
τεκμαίρομαι: to fix by a mark or boundary
τέχνη, ἡ: art, skill
φύω: to bring forth, produce, put forth

τά ἤθεα: acc. resp., "with regard to character"
τὰς ὀργὰς (sc. οὖσας): also in ind. st., "that their dispositions are"
μετέχοντας (sc. ἀνθρώπους): also in ind. st., "that the men *share in*" + gen.
μᾶλλον ἢ: "more than"
ὀξυτέρους τε καὶ ξυνετωτέρους καὶ ἀμείνους: acc. pl pred. agreeing with
    ἀνθρώπους understood, "that men are keener, etc."
τὰ πολέμια: acc. resp., "in war"
φυόμενα: pr. part., "the other things *growing*"
ἐόντα: pr. part. with εὑρήσεις understood, "that all other things *are*"
τεκμαιρόμενος: pr. part., "establishing from these things a boundary" i.e. making
    these ideas a basis for thinking
ἐνθυμέεσθαι: pr. inf. as imper., "consider the rest"
οὐχ ἁμαρτήσῃ: fut., "you will not miss"

Ἱπποκράτους
Ὅρκος

The Hippocratic
Oath

The Hippocratic Oath
ΙΠΠΟΚΡΑΤΟΥΣ ΟΡΚΟΣ

ὄμνυμι Ἀπόλλωνα ἰητρὸν καὶ Ἀσκληπιὸν καὶ Ὑγείαν
καὶ Πανάκειαν καὶ θεοὺς πάντας τε καὶ πάσας, ἵστορας
ποιεύμενος, ἐπιτελέα ποιήσειν κατὰ δύναμιν καὶ κρίσιν ἐμὴν
ὅρκον τόνδε καὶ συγγραφὴν τήνδε: ἡγήσεσθαι μὲν τὸν
διδάξαντά με τὴν τέχνην ταύτην ἴσα γενέτησιν ἐμοῖς, καὶ βίου
κοινώσεσθαι, καὶ χρεῶν χρηΐζοντι μετάδοσιν ποιήσεσθαι, καὶ
γένος τὸ ἐξ αὐτοῦ ἀδελφοῖς ἴσον ἐπικρινεῖν ἄρρεσι, καὶ

ἀδελφός, ὁ: a brother
Ἀπόλλων, -ωνος, ὁ: Apollo
ἄρρην, -εν: male
Ἀσκληπιός, ὁ: Asclepius
βίος, ὁ: life
γενέτης, -ου, ὁ: a father, parent
γένος, -εος, τό: a race, family
διδάσκω: to teach X (acc.) to Y (acc.)
δύναμις, -ιος, ἡ: power, strength, ability
ἐπικρίνω: to decide, consider
ἐπιτελής, -ές: completed, accomplished
ἡγέομαι: to go before, consider
ἰητρός, ὁ: one who heals, a physician
ἴσος, -η, -ον: equal to, the same as

ἵστωρ, -ορος, ὁ: a judge, witness
κοινόω: to make common, be a partner in (+ gen.)
κρίσις, -ιος, ἡ: discernment, judgment
μετάδοσις, -εως, ἡ: a giving, sharing
ὄμνυμι: to swear
ὅρκος, ὁ: an oath
Πανάκεια, ἡ: Panacea
ποιέω: to make, do
συγγραφή, ἡ: a written contract, bond
τέχνη, ἡ: art, skill
Ὑγεία, ἡ: Hygene
χρέος, τό: something needed
χρήζω: to need, lack

Ἀσκληπιὸν: acc. with ὄμνυμι "I swear *by Asclepius*" Asclepius is the son of Apollo and the god of healing
Ὑγείαν: "Hygene" and "Panacea" are two of the daughters of Asclepius
ποιεύμενος: pr. part. nom. (=ποιούμενος) "I, making them witnesses"
ἐπιτελέα: acc. pred. agreeing with ὅρκον "to make the oath *accomplished*"
ποιήσειν: fut. inf. complementing ὄμνυμι
ἡγήσεσθαι: fut. inf. also complementing ὄμνυμι "I swear *to consider*"
τὸν διδάξαντα: ao. part. "the one who taught me"
ἴσα: neut. pl. acc. adverbial, "equally to" + dat.
κοινώσασθαι: fut. inf. with ὄμνυμι "to be a partner of" + gen.
χρεῶν: gen. pl. after μετάδοσιν "sharing *of needed things*"
χρηΐζοντι: pr. part. dat. ind. obj. "to him needing"
ποιήσεσθαι: fut. inf. also after ὄμνυμι "to make a sharing" i.e. to share + gen.
τὸ ἐξ αὐτοῦ: an attributive phrase modifying γένος "the offspring of him"
ἴσον: neut. acc. pred. of γένος "to consider the family *equal to*" + dat.
ἐπικρινεῖν: fut. inf. after ὄμνυμι

διδάξειν τὴν τέχνην ταύτην, ἢν χρῄζωσι μανθάνειν, ἄνευ
μισθοῦ καὶ συγγραφῆς, παραγγελίης τε καὶ ἀκροήσιος καὶ τῆς
λοίπης ἀπάσης μαθήσιος μετάδοσιν ποιήσεσθαι υἱοῖς τε ἐμοῖς
καὶ τοῖς τοῦ ἐμὲ διδάξαντος, καὶ μαθητῇσι συγγεγραμμένοις τε
καὶ ὡρκισμένοις νόμῳ ἰητρικῷ, ἄλλῳ δὲ οὐδενί. διαιτήμασί τε
χρήσομαι ἐπ' ὠφελείη καμνόντων κατὰ δύναμιν καὶ κρίσιν
ἐμήν, ἐπὶ δηλήσει δὲ καὶ ἀδικίη εἴρξειν. οὐ δώσω δὲ οὐδὲ

ἀδικίη, ἡ: wrongdoing, injustice
ἀκρόησις, -ιος, ἡ: a hearing, listening
ἄνευ: without (+ gen.)
δήλησις, -ιος, ἡ: ruin, bane
διαίτημα, -ατος, τό: a regimen, diet
διδάσκω: to teach
δίδωμι: to give
δύναμις, -ιος, ἡ: power, strength, ability
ἔργω: to keep safe, keep from
ἰητρικός, -ή, -όν: of a physician, medical
κάμνω: to be sick, suffer from illness
κρίσις, -ιος, ἡ: discernment, judgment
λοιπός, -ή, -όν: remaining, rest
μάθησις, -ιος, ἡ: a learning
μαθητής, -οῦ, ὁ: a learner, pupil

μανθάνω: to learn
μετάδοσις, -ιος, ἡ: a giving, sharing
μισθός, ὁ: wages, pay, hire
νόμος, ὁ: a custom, law
ὀρκίζω: to bind by oath
παραγγελίη, ἡ: a command, order
ποιέω: to make, do
συγγραφή, ἡ: a written contract, bond
συγγράφω: to write down, sign a contract
τέχνη, ἡ: art, skill
υἱός, ὁ: a son
χρέομαι: to use
χρῄζω: to need, want (+ inf.)
ὠφέλεια, ἡ: help, aid, benefit

διδάξειν: fut. inf. "to teach"
ἢν χρῄζωσι: pr. subj. in prot. of pr. gen. condition, "if they desire" + inf. (then I
   swear to teach)
ἀκροήσιος ... μαθήσιος: gen. sing. with μετάδοσιν, "share *of oral instruction ... of*
   learning"
ποιήσεσθαι: fut. inf. with ὄμνυμι, "*to make a sharing*"
τοῖς (sc. υἱοῖς): dat. ind. obj. "to the sons"
τοῦ διδάξαντος: ao. part. gen. "(to the sons) *of the one who taught*"
συγγεγραμμένοις: perf. part. dat. pl. "to those who have signed"
ὡρκισμένοις: perf. part. dat. "to those who have sworn"
ἄλλῳ δὲ οὐδενί: dat. ind. obj. "but to no other'
διαιτήμασι: dat. pl. after χρήσομαι "I will use *dietary regimes*"
ἐπ' ὠφελείη: "for the benefit of" + gen.
ἐπὶ δηλήσει: "as a check upon bane"
εἴρξειν: fut. inf. after ὄμνυμι "to keep them safe"
οὐ δώσω: fut. "I will not give"

φάρμακον οὐδενὶ αἰτηθεὶς θανάσιμον, οὐδὲ ὑφηγήσομαι
συμβουλίην τοιήνδε: ὁμοίως δὲ οὐδὲ γυναικὶ πεσσὸν φθόριον
δώσω. ἁγνῶς δὲ καὶ ὁσίως διατηρήσω βίον τὸν ἐμὸν καὶ
τέχνην τὴν ἐμήν. οὐ τεμέω δὲ οὐδὲ μὴν λιθιῶντας, ἐκχωρήσω
δὲ ἐργάτῃσιν ἀνδράσι πρήξιος τῆσδε. ἐς οἰκίας δὲ ὁκόσας ἂν
ἐσίω, ἐσελεύσομαι ἐπ᾽ ὠφελείῃ καμνόντων, ἐκτὸς ἐὼν πάσης
ἀδικίης ἑκουσίης καὶ φθορίης, τῆς τε ἄλλης καὶ ἀφροδισίων
ἔργων ἐπί τε γυναικείων σωμάτων καὶ ἀνδρῴων, ἐλευθέρων τε

ἁγνός, -ή, -όν: full of religious awe
ἀδικίη, ἡ: wrongdoing, injustice
αἰτέω: to ask, beg
ἀνδρῷος, -η, -ον: of men, male
ἀνήρ, ὁ: a man
ἀφροδίσιος, -η, -ον: belonging to
    Aphrodite
βίος, ὁ: life
γυναικεῖος, -η, -ον: of women, female
γυνή, ἡ: a woman
διατηρέω: to watch closely, observe,
    maintain
δίδωμι: to give
εἰσέρχομαι: to go in, enter
ἐκτός: outside
ἐκχωρέω: to depart, give way
ἐλεύθερος, -η, -ον: free
ἐργάτης, -ου, ὁ: a workman, practitioner

θανάσιμος, -ον: deadly, mortal
κάμνω: to be sick, suffer from illness
λιθιάω: to suffer from (kidney) stones
οἰκιή, ἡ: a home
ὅμοιος, -η, -ον: like, resembling
ὅσιος, -η, -ον: hallowed
πεσσός, ὁ: a pessary (for abortion)
πρῆξις, -ιος, ἡ: a doing, action
συμβουλίη, ἡ: advice, counsel
σῶμα, -ατος, τό: a body
τέμνω: to cut
τέχνη, ἡ: art, skill
ὑφηγέομαι: to guide
φάρμακον, τό: a drug, medicine
φθορίη, ἡ: corruption, mischief
φθόριος, -ον: destructive
ὠφέλεια, ἡ: help, aid, benefit

αἰτηθεὶς: ao. pas. part. concessive, "although having been asked"
πεσσὸν φθόριον: a stone-shaped object inserted to prompt an abortion
διατηρήσω: fut. "I will maintain"
οὐ τεμέω: fut. of τέμνω " I will not cut"
οὐδὲ μὴν: "not even those"
λιθιῶντας: pr. part. "those suffering from stones"
ἀνδράσι: dat. of sep. after ἐκχωρήσω "I will yield *to men*"
πρήξιος: gen. s. (= πράξεως) "the practioners *of this practice*"
ὁκόσας ἂν ἐσίω: pr. subj. in gen. rel. cl. "into whatever homes I enter"
ἐσελεύσομαι: fut. of ἐσ-έρχομαι, "I will enter"
καμνόντων: pr. part. gen. "of those who are ill"
ἐκτὸς ἐὼν: pr. part. "being outside of" + gen.
ἀφροδισίων ἔργων: "of the works of Aphrodite" i.e. of sex

καὶ δούλων. ἃ δ' ἂν ἐν θεραπείῃ ἢ ἴδω ἢ ἀκούσω, ἢ καὶ ἄνευ
θεραπείης κατὰ βίον ἀνθρώπων, ἃ μὴ χρή ποτε ἐκλαλεῖσθαι
ἔξω, σιγήσομαι, ἄρρητα ἡγεύμενος εἶναι τὰ τοιαῦτα. ὅρκον
μὲν οὖν μοι τόνδε ἐπιτελέα ποιέοντι, καὶ μὴ συγχέοντι, εἴη
ἐπαύρασθαι καὶ βίου καὶ τέχνης δοξαζομένῳ παρὰ πᾶσιν
ἀνθρώποις ἐς τὸν αἰεὶ χρόνον· παραβαίνοντι δὲ καὶ
ἐπιορκέοντι, τἀναντία τούτων.

ἀκούω: to hear	ἐπιτελής, -ές: completed, accomplished
ἄνθρωπος, ὁ: a man	ἡγέομαι: to go before, consider
ἄρρητος, -η, -ον: unspoken, unsaid	θεραπείη, ἡ: a service, treatment
βίος, ὁ: life	ὅρκος, ὁ: an oath
δοξάζω: to think, suppose	παραβαίνω: to go beside, transgress
δοῦλος, -η, -ον: enslaved	ποιέω: to make, do
ἐκλαλέω: to speak out, divulge	σιγάω: to keep silent
ἐναντίος, -η, -ον: opposite	συγχέω: to confound, destroy
ἔξω: out	τέχνη, ἡ: art, skill
ἐπαυρέω: to partake of, share	χρή: it is necessary
ἐπιορκέω: to swear falsely	χρόνος, ὁ: time

ἃ δ' ἂν ἴδω: ao. subj. of εἶδον in gen. rel. cl. "whatever I see"
ἀκούσω: ao. subj. "whatever I hear"
καὶ ἄνευ: "even apart from" + gen.
ἐκλαλέεσθαι: pr. inf. complementing χρή "what is not necessary to spread abroad"
ἡγεύμενος: pr. part. (=ἡγούμενος) "considering such things" + inf.
ἐπιτελέα: acc. pred. "making this oath fulfilled"
ποιέοντι: pr. part. dat. "to me making"
μὴ ξυγχέοντι: pr. part. dat. "and to me not breaking" μὴ indicates a conditional
    sense "if I do not break"
εἴη: opt. wish for the future "may it be possible" + inf.
ἐπαύρασθαι: ao. inf. "to share in" + gen.
δοξαζομένῳ: pr. part. dat. also agreeing with μοι "being famous"
παραβαίνοντι: pr. part. dat. "but (to me) deviating"
τἀναντία (sc. εἴη): "may the opposite things be"

Glossary of
Medical Terms

Medical Glossary

Hippocrates' *On Airs, Water, and Places* is full of anatomical and nosological terms that occur rarely, if at all, in more canonical Greek texts. Some terms will no doubt be familiar to the reader, while others require knowledge of medicine or anatomy. Medical terms are briefly glossed throughout the text, but for some of the more complicated terms we have included fuller definitions, as well as explanations of conditions, in the following glossary.*

αἱμορροΐς, ἡ: hemorrhoids (from αἷμα + ῥέω, "a flow of blood"); an engorged, dilated and easily broken varicosity around the anus, often accompanied by intense itching, pain, and rectal bleeding

δυσεντερία, ἡ: dysentery (from δυσ- "bad" + ἔντερα "bowels"); a disease caused by infection and characterized by inflammation of the intestines, especially the colon (large intestine), accompanied by pus in the feces, fever, pain in the abdomen, low volume of diarrhea, and possible blood in the feces

ἠπίαλος, ὁ: ague; an intermittent fever marked by cold and hot fits; when used in conjunction with fever (πυρετός), the chills (p. 12)

ἴκτερος, ὁ: jaundice; a morbid condition characterized by yellowness of the eyes and skin; usually caused by a buildup of bile in the liver, which is then absorbed into the blood; often a sign of a problem with the liver, gallbladder, or pancreas

ἰσχιάς, -άδος, ἡ: sciatica; compression or irritation of the sciatic nerve characterized by pain radiating down through the lower back, buttocks and the back of the thigh, causing numbness in the lower leg and foot

κάθαρσις, -ιος, ἡ: generally, a cleansing, evacuation; ἐπιμήνιος κάθαρσις ("monthly evacuation," p. 87), menstruation

κατάρροος, ὁ: a catarrh (from κατά + ῥέω, "to flow down" i.e. from the head); an inflammation of the mucus membranes in the head occurring in response to infection; results in excessive discharge or buildup of mucus (phlegm) in the nose or throat; a symptom of the common cold

καῦσος, -εος, τό: causus (from καίω, "to burn"); an ardent, bilious, remittent fever; a particular condition as opposed to the more general πυρετός ("fever")

κέδματα, -ων, τά: an uncertain morbid affection, which Hippocrates believes to be caused by the continuous riding of horses (p. 88); perhaps an arthritic affection, or aneurysmal condition of the veins or arteries

---

* This list was compiled with the help of Lu Chen, a recent graduate in Psychobiology at the University of California, Los Angeles and current medical student.

κήλη, ἡ: a tumor, especially a rupture or hernia (as a result of poor water quality, p. 29, 41)

κιρσός, ὁ: varicose vein; a condition, sometimes painful, in which the veins become abnormally dilated, swollen, and tortuous; most commonly occurring in the legs (p. 30)

λειεντερία, ἡ: leientery; a particular form of diarrhea in which food passes through the body with little or no digestion (p. 53)

λίθος, ὁ: a stone (calculus); a hard, stone-like, mineral concretion that forms in a bodily organ; kidney stones (formed from minerals in the urine) are common

μελαγχολία, ἡ: melancholy, an imbalance of the bodily humors in which black bile (μέλαινα χολή) is dominant

νεφρῖτις, -ιδος, ἡ: nephritis (from νεφρός, "kidney"), a disease marked by inflammation of the kidneys (p. 41)

νοῦσος, ἡ/νούσημα, -ατος, τό: a disease, illness; referring to individual instances as well as the overall state (as opposed to ὑγιείη, "health")

πεσσός, ὁ: a pessary; a device inserted vaginally as a mean of delivering medication; πεσσὸς φθόριος, an abortive pessary (p. 107)

πλευρῖτις, -ιδος, ἡ: pleurisy; an inflammation of the pleural cavity around the lungs resulting in severe, sharp pain from breathing or coughing; commonly caused by infections (p. 12, 17, 53)

ποδαγρίη, ἡ: "savage toe," gout; a painful joint condition marked by acute, inflammatory arthritis; commonly affects the big toe

πυρετός, ὁ/πυρετώδης, -ες: fever/feverish (from πῦρ, "fire"), a general fever

στραγγουρίη, ἡ: strangury; retention of urine; frequent, painful, straining urination of small volumes despite a sense of urgency (p. 41)

σφάκελος, ὁ: gangrene, mortification; a condition that arises when a mass of body tissue dies (necrosis); often caused by a lack of blood supply

τεταρταῖος (sc. πυρετός), ὁ: a quartan fever, an intermittent fever presenting every fourth day, or in 72 hour cycles (p. 28, 49)

ὕδρωψ, -ωπος, ὁ: dropsy; edema, an abnormal accumulation of fluid in the body; marked by swelling

φθίσις, -ιος, ἡ: generally, emaciation; specifically, tuberculosis, an infectious disease infecting the lungs; characterized heavy coughing, fever, weight loss, and chest pain (p. 20, 54)

φλέγμα, -ατος, τό/φλεγματώδης, -ες: phlegm/phlegmatic, one of the four humors. An humoral imbalance in which phlegm is dominate (a phlegmatic condition) results in a cold, moist, flabby constitution (the opposite of bilious) and the diseases and symptoms associated with it.

χολή, ἡ/χολώδης, -ες: (yellow) bile/choleric, bilious; one of the four humors. An humoral imbalance in which bile is dominate (a bilious condition) results in a hot, dry, sinewy constitution (the opposite of the phlegmatic) and the diseases and symptoms associated with it.

List of Verbs

List of Verbs

The following is a list of verbs that have some irregularity in their conjugation. The principal parts of the Greek verb in order are 1. Present 2. Future 3. Aorist 4. Perfect Active 5. Perfect Middle 6. Aorist Passive, 7. Future Passive. For many verbs not all forms are attested or are only poetic. Verbs are alphabetized under their main stem, followed by various compounds that occur in *AWP* with a brief definition. Where possible forms found in *AWP* are given rather than Attic versions (i.e. χρέομαι rather than χράομαι). A dash (-) before a form means that it occurs only or chiefly with a prefix. The list is based on the list of verbs in H. Smyth, *A Greek Grammar*.

ἄγω: to lead ἄξω, 2 aor. ἤγαγον, ἦχα, ἦγμαι, ἤχθην
    ἀνάγω: to lead up
    ἐξάγω: to lead out
    συνάγω: to bring together, collect

αἱρέω: to take (mid. to choose) αἱρήσω, 2 aor. εἷλον, ᾕρηκα, ᾕρημαι, ᾑρέθην

αἴρω: to lift ἀρῶ, ἦρα, ἦρκα, ἦρμαι, ἤρθην

αἰσθάνομαι: to perceive αἰσθήσομαι, 2 aor. ᾐσθόμην, ᾔσθημαι

ἁλίσκομαι: to be taken ἁλώσομαι, 2 aor. ἑάλων, ἑάλωκα

ἀλλάσσω: to change ἀλλάξω, ἤλλαξα, -ήλλαχα, ἤλλαγμαι, ἠλλάχθην or
ἠλλάγην
    ἀπαλλάσσω: to depart from, differ
    διαλλάσσω: to change, be different
    μεταλλάσσω: to change, alter

ἁμαρτάνω: to fail, go wrong ἁμαρτήσομαι, 2 aor. ἥμαρτον, ἡμάρτηκα,
ἡμάρτημαι, ἡμαρτήθην
    διαμαρτάνω: to go astray, make a mistake

ἅπτω: to fasten, (mid.) to touch ἅψω, ἧψα, ἧμμαι, ἥφθην

ἁρπάζω: to snatch away ἁρπάσομαι, ἥρπασα, ἥρπακα, ἥρπασμαι, ἡρπάσθην
    ἀναρπάζω: to snatch up

ἄρχω: to be first, begin ἄρξω, ἦρξα, ἦργμαι, ἤρχθην

αὐξάνω: to increase αὔξω, ηὔξησα, ηὔξηκα, ηὔξημαι, ηὐξήθην
    ἐπαυξω: to increase, enlarge, augment

ἀφικνέομαι: to arrive at ἀφ-ίξομαι, 2 aor. ἀφ-ικόμην, ἀφ-ῖγμαι

βαδίζω: to go βαδιοῦμαι, βεβάδικα

Hippocrates

βαίνω: to step *βήσομαι*, 2 aor. *ἔβην, βέβηκα*
    ἀποβαίνω: to go away, depart, occur

βάλλω: to throw *βαλῶ*, 2 aor. *ἔβαλον, βέβληκα, βέβλημαι, ἐβλήθην*
    ἐμβάλλω: to throw in, put in
    μεταβάλλω: to turn quickly, change
    συμβάλλω: to throw together, contribute
    ὑπερβάλλω: to throw over, exceed

βούλομαι: to wish *βουλήσομαι, βεβούλημαι, ἐβουλήθην*

γί(γ)νομαι: to become *γενήσομαι*, 2 aor. *ἐγενόμην*, 2 perf. *γέγονα, γεγένημαι, ἐγενήθην*
    ἐγγίνομαι: to intervene, take place, happen
    ἐπιγίνομαι: to supervene, come about, befall
    περιγίνομαι: to be superior to, overcome
    προσγίνομαι: to attach oneself to

γι(γ)νώσκω: to know *γνώσομαι, ἔγνων, ἔγνωκα, ἔγνωσμαι, ἐγνώσθην*
    διαγιγνώσκω: to distinguish, discern
    καταγιγνώσκω: to remark, discover
    προγινώσκω: to know, perceive, learn

δείδω: to fear *δείσομαι, ἔδεισα, δέδοικα*

δείκνυμι: to show *δείξω, ἔδειξα, δέδειχα, δέδειγμαι, ἐδείχθην*

δέχομαι: to receive *δέξομαι, ἐδεξάμην, δέδεγμαι, -εδέχθην*
    ὑποδέχομαι: to receive

δέω: to need, lack (mid. ask) *δεήσω, ἐδέησα, δεδέηκα, δεδέημαι, ἐδεήθην*

δίδωμι: to give *δώσω*, 1 aor. *ἔδωκα* in s., 2 aor. in pl. *ἔδομεν, δέδωκα, δέδομαι, ἐδόθην*
    ἀναδίδωμι: to hold forth, bestow
    ἀποδίδωμι: to give up or back, restore, return
    ἐκδίδωμι: to give up, surrender

δοκέω: to think, seem *δόξω, ἔδοξα, δέδογμαι*

δύω: to go down *δύσω, -έδυσα* trans., 2 aor. *ἔδυν* intrans., *δέδυκα, -δέδυμαι, -εδύθην*
    ἐγκαταδύνω: sink beneath
    ἐνδύω: to put in

ἐγείρω: to wake up *ἐγερῶ, ἤγειρα*, 2 perf. *ἐγρήγορα, ἐγήγερμαι, ἠγέρθην*
    ἀνεγείρω: to wake up, rouse
    ἐπεγείρω: to awaken, wake up, rouse

εἰμί: to be, fut. *ἔσομαι*

ἄπειμι: to be absent
ἔνειμι: to be in
πάρειμι: to be near, be present
πρόσειμι: to be present, belong

ἕλκω: to draw -ἕλξω, εἵλκυσα, -είλκυκα, -είλκυσμαι, -ειλκύσθην

ἕπομαι: to follow ἕψομαι, 2 aor. ἑσπόμην

ἐργάζομαι: to work, labor ἐργάσομαι, ἠργασάμην, εἴργασμαι, ἠργάσθην
    ἀπεργάζομαι: to work out, produce
    κατεργάζομαι: to achieve, accomplish

ἔρχομαι: to come or go to, fut. εἶμι, 2 aor. ἦλθον, 2 perf. ἐλήλυθα
    παρέρχομαι: to go by, pass
    προέρχομαι: to go forward, advance
ἐσθίω: to eat ἔδομαι, 2 aor. ἔφαγον

εὑρίσκω: to find εὑρήσω, 2 aor. ηὗρον or εὗρον, ηὕρηκα or εὕρηκα, εὕρημαι,
    εὑρέθην

ἔχω: to have ἕξω, 2 aor. ἔσχον, ἔσχηκα, imperf. εἶχον.
    μετέχω: to partake of, share in
    παρέχω: to furnish, provide, supply
    προσέχω: to hold to

ἕψω: to boil, cook ἑψήσομαι, ἥψησα, ἥψημαι, ἡψήθην
    συνέψω: to boil together

ζάω: to live ζήσω, ἔζησα, ἔζηκα

ἡγέομαι: to go before, lead the way ἡγήσομαι, ἡγησάμην, ἥγημαι
    διηγέομαι: to set out in detail, describe
    προδιηγέομαι: to relate before

ἥδομαι: to be happy, enjoy ἡσθήσομαι, ἥσθην

θαυμάζω: to wonder, admire, fut. θαυμάσομαι

θνήσκω: to die θανοῦμαι, 2 aor. -έθανον, τέθνηκα
    ἀποθνήσκω: to die

θύω: to sacrifice θύσω, ἔθυσα, τέθυκα, τέθυμαι, ἐτύθην

ἵημι: to let go, relax, to send forth ἥσω, ἧκα, εἷκα, εἷμαι, εἵθην
    ἀφίημι: to send forth, discharge
    διίημι: to discharge

ἵστημι: to make to stand, set στήσω shall set, ἔστησα set, caused to stand, 2 aor.
    ἔστην stood, 1 perf. ἕστηκα stand, plup. εἱστήκη stood, ἐστάθην

ἐξίστημι: to put out of its place, to change or alter utterly
καθίστημι: to set down, dispose
μεθίστημι: to place in another way, to change
προσίστημι: to approach, occur to
συνίστημι: to set together, combine
ὑφίστημι: to place or set under

καίω: to burn, cauterize καύσω, ἔκαυσα, -κέκαυκα, κέκαυμαι, ἐκαύθην
ἐπικαίω: to burn up, cauterize
συγκαίω: to burn up, inflame

καλέω: to call καλῶ, ἐκάλεσα, κέκληκα, κέκλημαι, ἐκλήθην

κλείω: to shut κλείσω, ἔκλεισα, κέκλειμαι, ἐκλείσθην
συγκλείω: to enclose

κόπτω: to strike κόψω, ἔκοψα, -κέκοφα, κέκομμαι, -εκόπην

κρίνω: to decide κρινῶ, ἔκρινα, κέκρικα, κέκριμαι, ἐκρίθην
ἀποκρίνω: to separate, set apart; answer
διακρίνω: to separate, distinguish
ἐκκρίνω: to pick out, separate

κτάομαι: to acquire κτήσομαι, ἐκτησάμην, κέκτημαι possess

κτείνω: to kill κτενῶ, ἔκτεινα, 2 perf. -έκτονα
ἀποκτείνω: to kill, slay

κυνέω: to kiss κυνήσομαι, ἔκυσα
προσκυνέω: to make obeisance to

λαμβάνω: to take λήψομαι, ἔλαβον, εἴληφα, εἴλημμαι, ἐλήφθην
καταλαμβάνω: to seize upon, grasp, befall
ὑπολαμβάνω: to overtake

λανθάνω: to escape notice λήσω, ἔλαθον, λέληθα

λέγω: to speak ἐρέω, εἶπον, εἴρηκα, λέλεγμαι, ἐλέχθην
διαλέγω: to speak with, converse
προλέγω: to say before

λείπω: to leave λείψω, ἔλιπον, λέλοιπα, λέλειμμαι, ἐλείφθην
ἐκλείπω: to leave out, pass over
παραλείπω: to set aside, leave remaining

λύω: to loose λύσω, ἔλυσα, λέλυκα, λέλυμαι, ἐλύθην
διαλύω: to loose, undo

μανθάνω: to learn μαθήσομαι, ἔμαθον, μεμάθηκα

μάχομαι: to fight μαχοῦμαι, ἐμαχεσάμην, μεμάχημαι

μέλλω: to intend, be about to μελλήσω, ἐμέλλησα

μένω: to stay μενῶ, ἔμεινα, μεμένηκα

μίγνυμι: to mix μείξω, ἔμειξα, μέμειγμαι, ἐμείχθην
    καταμίγνυμι: to mix up, mingle
    συμμίγνυμι: to mix together

νομίζω: to believe νομιῶ, ἐνόμισα, νενόμικα, νενόμισμαι, ἐνομίσθην

ξηραίνω: to dry ξηρανῶ, ἐξήρανα, ἐξήρασμαι, ἐξηράνθην
    ἀποξηραίνω: to dry up
    ἀναξηραίνω: to dry up

ὄλλυμι: to destroy ολῶ, -ώλεσα, -ολώλεκα, -όλωλα
    ἀπόλλυμι: to kill, slay

ὁράω: to see ὄψομαι, 2 aor. εἶδον, ἑόρακα and ἑώρακα, ὤφθην, imperf. ἑώρων
    ἐφοράω: to oversee, look on

οὐρέω: to make water, urinate οὐρήσομαι
    διουρέω: to pass in urine
    ἐξουρέω: to pass with urine

πάσχω: to experience πείσομαι, 2 aor. ἔπαθον, 2 perf. πέπονθα

παύω: to stop, cause to cease:παύσω, ἔπαυσα, πέπαυκα, πέπαυμαι, ἐπαύθην

πεπαίνω: to ripen ἐπέπανα, ἐπεπάνθην

πήγνυμι: to fix, make fast, freeze πήξω, ἔπηξα, 2 perf. πέπηγα, 2 aor. pass.
    ἐπάγην

πίνω: to drink πίομαι, 2 aor. ἔπιον, πέπωκα, -πέπομαι, -επόθην

πίπτω: to fall πεσοῦμαι, 2 aor. ἔπεσον, πέπτωκα
    ἐμπίπτω: to fall upon
    ἐπιπίπτω: to fall upon or over
    προσπίπτω: to fall upon

πλάσσω: to form ἔπλασα, πέπλασμαι, ἐπλάσθην
    ἀναπλάσσω: remodel

πλέω: to sail πλεύσομαι, ἔπλευσα, πέπλευκα, πέπλευσμαι, ἐπλεύσθην
    διαπλέω: to sail across

πνέω: to blow πνεύσομαι, ἔπνευσα, -πέπνευκα

ῥέω: to flow *ῥυήσομαι, ἐρρύην, ἐρρύηκα*
    ἀπορρέω: to flow away, stream forth
    ἐπικαταρρέω: to flow down
    παραρρέω: to flow past

ῥήγνυμι: to break *-ρήξω, ἔρρηξα, -ἔρρωγα, ἐρράγην*
    καταρρήγνυμι: to break down, burst

σβέννυμι: to quench *σβέσω, ἔσβεσα, ἔσβηκα ἐσβέσθην*, 2 aor. pass. *ἔσβην*
    ἀποσβέννυμι: to be extinguished, cease

σέβομαι: to worship, *ἐσέφθην*

στρέφω: to turn *στρέψω, ἔστρεψα, ἔστραμμαι, ἐστρέφθην*
    συστρέφω: to form together, compress

σώζω: to save *σώσω, ἔσωσα, σέσωκα, ἐσώθην*

ταράττω: to stir up *ταράξω, ἐτάραξα, τετάραγμαι, ἐταράχθην*
    ἐκταράσσω: to agitate, throw into disorder

τέμνω: to cut *τεμῶ*, 2 aor. *ἔτεμον, -τέτμηκα, τέτμημαι, ἐτμήθην*
    ἐπιτάμνω: to cut on the surface 2 aor. *ἔταμον*

τήκω: to melt *τήξω, ἔτηξα, τέτηκα, ἐτάκην*

τίθημι: to place *θήσω, ἔθηκα, τέθηκα, τέθειμαι* (but usu. *κεῖμαι*), *ἐτέθην*
    ἀνατίθημι: to set up, dedicate
    ἐντίθημι: to put in, introduce
    προστίθημι: to put to

τίκτω: to beget, bring forth *τέξομαι, ἔτεκον, τέτοκα*

τρέπω: to turn *τρέψω, ἔτρεψα, τέτροφα, ἐτράπην*
    ἀποτρέπω: to turn

τρέφω: to nourish *θρέψω, ἔθρεψα*, 2 perf. *τέτροφα, τέθραμμαι, ἐτράφην*
    ἐκτρέφω: to bring up, rear up
    ἐντρέφω: to bring up in, raise in

τρίβω: to rub *τρίψω, ἔτριψα*, 2 perf. *τέτριφα, τέτριμμαι, ἐτρίβην*

τυγχάνω: to happen *τεύξομαι, ἔτυχον, τετύχηκα. τέτυγμαι, ἐτύχθην*

φαίνω: to show *φανῶ, ἔφηνα, πέφηνα, πέφασμαι, ἐφάνην*
    προφαίνω: to bring forth, show

φέρω: to bear *οἴσω*, 1 aor. *ἤνεγκα*, 2 aor. *ἤνεγκον*, 2 perf. *ἐνήνοχα, ἐνήνεγμαι, ἠνέχθην*
    διαφέρω: to differ

ἐπιφέρω: to bring upon
ἐσφέρω: to carry into
περιφέρω: to carry around
προσφέρω: to bring to, apply
συμφέρω: to bring together, compare

φθάνω: to anticipate **φθήσομαι, ἔφθασα, ἔφθην**

φθείρω to corrupt: **φθερῶ, ἔφθειρα, ἔφθαρκα**
    διαφθείρω: to destroy utterly

φράζω: to point out **φράσω, ἔφρασα, πέφρακα, πέφρασμαι, ἐφράσθην**

φυλάσσω: to guard **φυλάξω, ἐφύλαξα, πεφύλαχα, πεφύλαγμαι, ἐφυλάχθην**

φύω: to bring forth **φύσω, ἔφυσα**, 2 aor. **ἔφυν, πέφυκα**
    ἐκφύω: to grow from, enlarge
    ἐμφύω: to implant, (pass.) to grow in

χαίρω: to rejoice at **χαιρήσω, κεχάρηκα, κεχάρημαι, ἐχάρην**

χέω: to pour fut. **χέω**, aor. **ἔχεα, κέχυκα, κέχυμαι, ἐχύθην**
    ἐγχέω: to pour in
    ἐπιχέω: to pour over
    καταχέω: to pour down

χρέομαι: to use **χρήσομαι, ἐχρησάμην, κέχρημαι, ἐχρήσθην**

ψεύδω: to lie **ψεύσω, ἔψευσα, ἔψευσμαι, ἐψεύσθην**

Glossary

Glossary

A α

ἀγαθός, -ή, -όν: good

ἀγγεῖον, τό: vessel

ἄγριος, -η, -ον: living in the fields, wild, fierce, savage

ἄγω: to lead, carry, bring

ἀδικίη, ἡ: wrongdoing, injustice

Αἰγύπτιος, -η, -ον: Egyptian

αἰδοῖα, τά: genitals

αἰεί: always, forever

αἷμα, -ατος, τό: blood

αἰσθάνομαι: to perceive, feel

αἴτιον, τό: a cause

αἴτιος, -η, -ον: blameworthy, culpable, responsible

ἀλέη, ἡ: a shelter, warmth

ἀλίσκομαι: to be taken, conquered, captured

ἀλλά: but

ἀλλήλων: one another, each other

ἄλλος, -η, -ον: another, other

ἀλμυρός, -ή, -όν: salt, briny

ἀλυκός, -ή, -όν: salty, briny

ἅμα: at the time of, together with (+ dat.)

ἄμαξα, ἡ: a wagon

ἁμαρτάνω: to miss, wrong

ἀμείνων, -ον: better, abler, stronger

ἀμφότερος, -η, -ον: each, both

ἄν: (indefinite particle; generalizes dependent clauses with subjunctive; indicates contrary-to-fact with independent clauses)

ἀναγκάζω: to force, compel

ἀνάγκη, ἡ: force, constraint, necessity

ἀνάγω: to lead up, i.e. evaporate

ἀνανδρείη, ἡ: want of manhood

ἀναξηραίνω: to dry up

ἄναρθρος, -ον: without (apparent) joints, not articulated

ἀναρπάζω: to snatch up

ἀνατολή, ἡ: a rising, rise

ἀνδρείη, ἡ: manliness, manly spirit

ἀνδρεῖος, -η, -ον: manly

ἄνεμος, ὁ: wind

ἄνευ: without (+ gen.)

ἀνήρ, ἀνδρός, ὁ: a man, husband

ἄνθρωπος, ὁ: a man, person

ἀνίσχω: to hold up, rise

ἀντί: opposite, in return (+ gen.)

ἄνυδρος, -ον: waterless, dry

ἄνω: up, upwards

ἀπαλλάσσω: to depart from, differ from (+ gen.)

ἅπας, -πασα, -παν: quite all, the whole

ἄπειρος, -ον: unacquainted, without experience of (+ gen.)

ἀπεργάζομαι: to work out, produce

ἀπό: from, away from (+ gen.)

ἀποκρίνω: to separate, set apart, distinguish

ἀποκτείνω: to kill, slay

ἀποξηραίνω: to dry up

ἄρθρον, τό: a joint

ἄριστος, -η, -ον: best

ἄρκτος, ἡ: the north

ἀρκτοῦρος, ὁ: Arcturus (a star)

ἄρσην, -εν: male

ἀσθενής, -ές: weak, feeble, without strength

Ἀσίη, ἡ: Asia

Ἀσιηνός, -ή, -όν: Asian

ἄστρον, τό: a star

ἀταλαίπωρος, -ον: indifferent, careless, lazy

ἄτε: just as, so as, because (+ part.)

ἀτέραμνος, -ον: unsoftened, harsh

ἄτονος, -ον: slack, relaxed, flabby

αὐθάδης, -ες: self-willed, stubborn

αὖθις: back, back again

αὔξησις, -ιος, ἡ: growth, increase

αὔξω: to make large, increase, augment

αὔρα, ἡ: air in motion, a breeze

αὐτίκα: at once

αὐτόθι: on the spot, here, there

αὐτόνομος, -ον: living under one's own laws, independent

αὐτός, -ή, -ό: he, she, it; self, same

αὐχμηρός, -ή, -όν: dry, dusty, rough

αὐχμός, ὁ: drought, squalor

ἀφανίζω: to hide, conceal, remove; (pass.) to disappear

ἀφικνέομαι: to come to, arrive

ἄχροος, -ον: colorless, pallid, of a bad color

Glossary

B β

βάδισις, -ιος, ἡ: a walking, going on foot
βάρος, -εος, τό: weight
βαρύς, -εῖα, -ύ: heavy
βασιλεύω: to be king, to rule, reign
βελτίων, -ον: better
βήξ, βηχός, ὁ: cough
βιάζω: to constrain, force, oppress
βίαιος, -ος, -ον: forcible, violent
βίη, ἡ: force, power, violence, strength
βίος, ὁ: life
βορέης, -ου, ὁ: the north wind
βόρειος, -η, -ον: northern
βούλομαι: to will, wish, want
βοῦς, ὁ: a cow
βράγχος, ὁ: hoarseness, sore throat
βραγχώδης, -ες: subject to hoarseness
βραχίων, -ονος, ὁ: an arm
βραχύς, -εῖα, -ύ: short

Γ γ

γάλα, γάλακτος, τό: milk
γάρ: for
γαστήρ, -έρος, ἡ: a belly, stomach
γε: especially
γενναῖος, -η, -ον: noble, wellborn
γένος, -εος, τό: a race, family, stock
γῆ, ἡ: earth
γίγνομαι: to become, happen, occur
γιγνώσκω: to perceive, mark, learn
γλυκύς, -εῖα, ὑ: sweet
γνώμη, ἡ: a means of knowing, knowledge
γόνος, ὁ: seed
γυναικεῖος, -η, -ον: of women, female
γυνή, γυναικός, ἡ: a woman

Δ δ

δασύς, -εῖα, -ύ: leafy, wooded, shaggy, hairy
δέ: and, but, on the other hand (*preceded by* μέν)
δεῖ: it is necessary (+ *inf.*)
δειλίη, ἡ: cowardice
δεξιός, -ή, -όν: right, on the right side
δεσπόζω: to rule

δεσπότης, -ου: a master
δεύτερος, -η, -ον: second
δέω: to need, lack
δή: now, indeed
διά: through (+ *gen.*); with, by means of (+ *acc.*)
διάβροχος, -ον: very wet, moist
δίαιτα, ἡ: a way of living, lifestyle, regimen
διαιτάω: to treat, (*pass.*) to live one's life
διαλλάσσω: to change, be different, vary
διαλύω: to loose, undo
διάρροια, ἡ: diarrhea
διαφέρω: to differ
διάφορος, -ον: different, unlike
διαχώρησις, -ιος, ἡ: excretion
διδάσκω: to teach
δίδωμι: to give
διίημι: to discharge, let pass through
διό: wherefore, for which reason
διότι: for the reason that, since
διουρέω: to pass urine
δοκέω: to seem
δύναμαι: to be able, be possible
δύναμις, -ιος, ἡ: a power, ability, property
δύνω: to sink, set (of the sun)
δυσεντερία, ἡ: dysentery
δύσις, -ιος, ἡ: a setting (of the sun)
δυσμή, ἡ: setting

E ε

ἐγγίνομαι: to be born in; intervene, take place, happen
ἐγγύς: near, nigh, at hand
ἐγκέφαλος, ὁ: a brain
ἐγώ, μου: I, my
ἕδρη, ἡ: a seat, rump; a sitting, inactivity
ἐδωδός, -όν: eating much
ἔθνος, -εος, τό: a nation, people
εἶδος, -εος, τό: a form, shape, appearance; type, constitution
εἰκός: likely, probable
εἰμί: to be
εἵνεκα: on account of, because of (+ *gen.*)
εἷς, μίη, ἕν: one
εἴτε...εἴτε: whether...or
ἐκ, ἐξ: from, out of, after (+ *gen.*)
ἕκαστος, -η, -ον: every, each

ἐκκρίνω: to pick out, separate
ἔκπληξις, -ιος, ἡ: a disturbance, consternation
ἐκτιτρώσκω: to bear untimely, miscarry
ἑκών: willing, of free will, readily
ἐλάσσων, -ον: smaller, less
ἐλάχιστος, -η, -ον: smallest, least
ἕλκος, -εος, τό: a wound, sore, ulcer
ἕλκω: to draw, drag, pull
ἐλώδης, -ες: marshy, fenny
ἐμπίπτω: to fall upon
ἐν: in, at, among (+ dat.)
ἐναντίος, -η, -ον: opposite, contrary
ἔνειμι: to be in
ἐνθυμέομαι: consider well, reflect on, ponder
ἔνιοι, -αι, -α: some
ἐνταῦθα: there, then
ἔντονος, -ον: well-strung, sinewy
ἔνυδρος, -ον: holding water, well-watered
ἐξαίφνης: suddenly
ἐξοχετεύω: draw off
ἔοικε: it is like, similar to (+ dat.)
ἐπειδάν: whenever (+ subj.)
ἔπειτα: then, next
ἐπί: at (+ gen.); on, upon (+ dat.); on to, against (+ acc.)
ἐπιγίνομαι: to supervene, come about, befall
ἐπικαίω: to burn up, cauterize
ἐπικαταρρέω: to run down
ἐπιλάμπω: to shine upon
ἐπιμήνιος, -ον: monthly
ἐπιπίπτω: to fall upon, attack, befall
ἐπιτάμνω: to cut on the surface
ἐπιτελής, -ές: completed, accomplished
ἐπιτήδειος, -η, -ον: fit, suitable, convenient
ἐπιτολή, ἡ: a rising
ἐπιχώριος, -η, -ον: of a place, local, endemic
ἕπομαι: to follow, attend
ἔπομβρος, -ον: very rainy
ἐργάζομαι: to work, labor
ἔρχομαι: to come, go
ἐς: into, to (+ acc.)
ἐσθίω: to eat
ἔτι: yet, still
ἔτος, -εος, τό: a year

εὔδιος, -ον: calm, peaceful
εὑρίσκω: to find
εὔροος, -ον: flowing well, open
εὐρύς, εὐρεῖα, εὐρύ: wide, broad
Εὐρωπαῖος, -η, -ον: European
Εὐρώπη, ἡ: Europe
εὔψυχος, -ον: courageous
εὐώδης, -ες: sweet-smelling, fragrant
ἔφυδρος, -ον: wet, moist, rainy
ἔχω: to have, be able, be (see p. 16)
ἕψω: to boil, cook
ἑωθινός, -ή, -όν: in the morning, early
ἕως: while, until (+ subj.)

Η η

ἤ: or
ἡγέομαι: to consider, think, deem
ἠήρ, ἠέρος, ὁ: air, fog, vapor
ἦθος, -εος, τό: character, disposition
ἥκιστος, -η, -ον: least
ἥλιος, -ου, ὁ: the sun
ἡμέρη, ἡ: a day
ἥμερος, -η, -ον: tame, gentle
ἤν: = εἰ + ἄν (Attic ἐάν)
ᾗπερ: just as, than (after comp.)
ἤπιος, -η, -ον: gentle, mild, kind
ἦρ, ἦρος, τό: spring
ἥσσων, -ον: less
ἡσυχίη, ἡ: stillness, rest, quiet
ἠώς, ἠοῦς, ἡ: dawn, the east

Θ θ

θάνατος, ὁ: death
θεῖος, -η, -ον: divine
θεραπείη, ἡ: a service, treatment
θερινός, -ή, -όν: of summer, in summer
θερμαίνω: to warm, heat
θερμόν, τό: heat, warmth
θερμός, -ή, -όν: hot, warm
θέρος, -εος, τό: summer
θέσις, -ιος, ἡ: a situation, placement, position
θῆλυς, θήλεια, θῆλυ: female
θηρίον, τό: a wild animal, beast
θολερός, -ή, -όν: foul, thick, turbid
θολώδης, -ες: muddy, turbid

Glossary

θυμοειδής, -ές: high-spirited, courageous
θύω: to offer, sacrifice

I ι

ἰδιογνώμων, -ον: holding one's own
opinion, independent
ἰδρόω: to sweat, perspire
ἰερός, -ή, -όν: sacred, divine, holy
ἰητρικός, -ή, -όν: of healing, medical
ἰμάτιον, τό: a cloak
ἰππάζομαι: to drive horses, ride
ἰππασίη, ἡ: riding, horse-exercise
ἵππος, ὁ: a horse, mare
ἴσος, -η, -ον: equal to, the same as
ἰσχιάς, -άδος, ἡ: sciatica, pain in the leg
ἰσχίον, -ου, τό: a hip
ἰσχνός, -ή, -όν: dry, withered, lean,
meager
ἰσχυρός, -ή, -όν: strong, mighty, powerful
ἰσχύς, -ύος, ἡ: strength
ἰσχύω: to be strong, prevail
ἴσχω: to hold, keep, check

K κ

καθαίρω: to cleanse, clean, purge
κάθαρσις, -ιος, ἡ: a cleansing, evacuation
καί: and
καιρός, ὁ: (exact) time, season; due
measure, proportion, fitness
καίω: to burn, heat, cauterize
καλέω: to call
κάμνω: to be sick, suffer from illness
καρπός, ὁ: fruit
κάρτα: very
καρτερός, -ή, -όν: strong, staunch, stout
κατά: down (+ acc.)
καταρρήγνυμι: to break down, burst
κατάρροος, ὁ: a catarrh, inflammation of
the nose and throat
κατάστασις, -ιος, ἡ: a settling, state,
condition
κατέχω: to hold fast, occupy, possess
κάτω: down, downwards
καῦμα, -ατος, τό: a burning heat
καῦσος, -εος, τό: burning heat, fever
κέδματα, -ων, τά: a kind of sore

κεῖμαι: to be laid, be positioned
κέρας, κέρως, τό: a horn
κεφαλή, ἡ: a head
κήλη, ἡ: a hernia, tumor, rupture
κίνδυνος, ὁ: a danger, risk, hazard
κοιλίη, ἡ: belly, (pl.) bowels
κοινός, -ή, -όν: common, shared
κόρυζα, -ης, ἡ: a running of the nose,
head cold
κοῦφος, -η, -ον: light, nimble
κρατέω: to be strong, rule, prevail
κρίσις, -ιος, ἡ: discernment, judgment
κρύσταλλος, ὁ: ice
κτάομαι: to get, gain, acquire
κτῆνος, -εος, τό: a beast; (pl.) cattle, herd,
flock
κύστις, -ιος, ἡ: a bladder
κύων, κυνός, ὁ: a dog, the Dog Star, Sirius
κωλύω: to hinder, check, prevent

Λ λ

λαγνεύω: to have sexual intercourse
λαμβάνω: to take
λαμπρός, -ή, -όν: bright, clear
λέγω: to speak, say, tell
λειμακώδης, -ες: meadowy, grassy
λείπω: to leave, leave behind
λεπτός, -ή, -όν: thin, light
λευκός, -ή, -όν: light, bright, brilliant
λίην: very much, exceedingly
λιθιάω: to suffer from (kidney) stones
λιμναῖος, -η, -ον: marshy, stagnant
λίμνη, ἡ: a pool, lake
λόγος, ὁ: a work, account
λοιπός, -ή, -όν: remaining, the rest

M μ

μαζός, ὁ: a breast
μακρόβιος, -ον: long-lived
μακροκέφαλος, -ον: long-headed
μακρός, -ή, -όν: long
μαλακός, -ή, -όν: soft
μαλθακός, -ή, -όν: soft, tender
μάλιστα: most, especially
μᾶλλον: more, rather
μανθάνω: to learn, understand
μάχιμος, -ον: fit for battle, warlike

μέγας, μεγάλη, μέγα: big, great

μέγεθος, -εος, τό: greatness, stature, stature

μεθίστημι: to change

μεῖξις, -ιος, ἡ: mixing, sex

μέλας, -αινα, μέλαν: black, swarthy

μέλλω: to be about to, be going to (+ inf.)

μέν: on the one hand (followed by δέ)

μένω: to stay, remain

μέρος, -εος, τό: a part, share

μέσος, -η, -ον: middle, in the middle

μετά: with (+ gen.); after (+ acc.)

μεταβάλλω: to vary, chane

μεταβολή, ἡ: a change

μετάδοσις, -εως, ἡ: a giving, sharing

μεταλλαγή, ἡ: change

μεταλλάσσω: to change, alter

μεταξύ: between (+ gen.)

μετέχω: share in, take part in

μετέωρος, -ον: high, raised from the ground

μετόπωρον, τό: autumn

μέτριος, -η, -ον: within measure, moderate

μετριότης, -ητος, ἡ: moderation, mildness

μή: not

μηδέ: and not

μηκέτι: no more, no longer

μῆκος, -εος, τό: length

μήτε...μήτε: neither...nor

μικρός, -ή, -όν: small, little

μορφή, ἡ: a form, shape

μοῦνος, -η, -ον: alone, only

N ν

νέφος, -εος, τό: a cloud

νεώτερος, -η, -ον: younger

νηδύς, -ύος, ἡ: a stomach

Νομάς, -άδος, ὁ: roaming about for pasture, a Nomad

νομίζω: to hold, think, believe

νόμος, ὁ: a usage, custom, law

νοσερός, -ή, -όν: sickly, diseased, marked by illness

νόσευμα, -ατος, τό: a sickness, disease

νοσώδης, -ες: sickly, diseased, unhealthy

νότιος, -η, -ον: wet, moist, damp; southern

νότος, ὁ: the south (wind)

νούσημα, -ατος, τό: an illness, disease

νοῦσος, ἡ: a sickness, disease

νῦν: now, at this moment

Ξ ξ

ξηραίνω: to parch, dry up

ξηρός, -ή, -όν: dry

ξηρότης, -ητος, ἡ: dryness

O ο

ὁ, ἡ, τό: the (definite article)

ὀδμή, ἡ: a smell, scent, odor

οἶδα: to know

οἰκέω: to inhabit, occupy

οἴκημα, -ατος, τό: a dwelling place

οἶνος, ὁ: wine

οἶον τε ἐστι: it is possible (+ inf.)

οἶος τε εἰμι: I am able (+ inf.)

οἶος, οἴη, οἶον: such as

ὀκοῖος, -η, -ον: of what sort, what kind

ὀκόσος, -η, -ον: as many, as much

ὀκόταν: whenever (+ subj.)

ὅκου: where

ὀλίγος, -η, -ον: few, little, rare, small

ὄμβριος, -ον: rainy, of rain

ὄμβρος, ὁ: a heavy rain, shower

ὅμοιος, -η, -ον: like, resembling

ὀξύς, -εῖα, -ύ: sharp, keen, acute

ὄπισθεν: behind, at the back

ὀργή, ἡ: a temperament, disposition, nature

ὅρκος, ὁ: an oath

ὄρος, -εος, τό: a mountain, hill

ὅς, ἥ, ὅ: who, which (relative pronoun)

ὅσος, -η, -ον: how much, how great

ὅστις, ἥτις, ὅ τι: whoever, whatever

ὅταν: whenever (+ subj.)

ὅτι: that, because

οὐ, οὐκ, οὐχ: not

οὐδέ: and not

οὐρέω: to urinate

οὐρητήρ, -ῆρος, ὁ: urethra

Glossary

οὖρον, τό: urine
οὖς, ὠτός, τό: the ear
οὖτε: and not
οὖτως: this way
ὀφθαλμία, ἡ: ophthalmia, an inflammation of the eye

Π π

παγετός, ὁ: frost, ice
πάγκοινος, -ον: common to all, general, epidemic
παίδιον, τό: a young child
παῖς, παιδός, ὁ: a child
παντοδαπός, -ή, -όν: of every kind, of all sorts
πάνυ: altogether, entirely
παρά: from (+ gen.); beside (+ dat.); to (+ acc.)
παραπλήσιος, -η, -ον: similar
παρέχω: to furnish, provide, supply
πᾶς, πᾶσα, πᾶν: all, every, whole
πάσχω: to experience, suffer
παύομαι: to cease
πάχος, -εος, τό: thickness
παχύς, -εῖα, -υ: thick
πεδίον, τό: a plain, flat
πένης, -ητος, ὁ: a poor man
περί: concerning, about (+ gen.); about, around (+ acc.)
περιπλευμονία, ἡ: inflammation of the lungs, pneumonia
πηγή, ἡ: a fount, source, spring
πήγνυμι: to make solid, freeze
πιέζω: to press, squeeze, press tight
πίνω: to drink
πλαδάω: to be flaccid, be flabby
πλεῖστος, -η, -ον: most, largest, greatest
πλείων, -ον: more, greater
πλευρῖτις, -ιδος, ἡ: pleurisy
πλῆθος, -εος, τό: a great number, crowd, multitude
πλήν: except (+ gen.)
πλούσιος, -η, -ον: rich, wealthy, opulent
πνεῦμα, -ατος, τό: an air, wind
πνέω: to blow
πνιγηρός, -ή, -όν: choking, stifling (with heat)
πνῖγος, -εος, τό: a stifling heat

ποιέω: to make, do
πολέμιος, -η, -ον: of or belonging to war, hostile
πολέμιος, ὁ: an enemy
πολύγονος, -ον: producing much offspring, prolific
πολυπότης, -ου, ὁ: a heavy drinker
πολύς, πολλή, πολύ: many, much
πολυχρόνιος, -ον: long-lasting, chronic
πονηρός, -ή, -όν: painful, grievous, injurious
ποταμός, ὁ: a river, stream
πότερος, -η, -ον: whether
πρεσβύτης, -ου, ὁ: an old man
πρίν: before (+ inf.)
προέρχομαι: to go forward, advance
προλέγω: to say before
πρόοιδα: to know beforehand
πρός: to (+ dat.)
προσέτι: in addition, besides
προσέχω: to hold to, put in
προσπίπτω: to fall upon
πρότερος, -η, -ον: before, former
πρόφασις, -ιος, ἡ: a reason, cause
πρῶτος, -η, -ον: first
πυκνά: much, often
πυκνός, -ή, -όν: close, frequent, strong
πυρετός, ὁ: a burning heat, fever
πυρετώδης, -ες: feverish, hot
πυρρός, -ή, -όν: yellowish-red, tawny

Ρ ρ

ῥεῦμα, -ατος, τό: a flow, stream, current
ῥέω: to flow, run, stream, gush
ῥηγματίας, -ου, ὁ: prone to lacerations or rupture
ῥήγνυμι: to break, rupture
ῥηϊδίως: easily, readily
ῥοικός, -ή, -όν: relaxed, curved, crooked

Σ σ

σαρκώδης, -ες: fleshy
σάρξ, σαρκός, ἡ: flesh
σήπω: to make rotten, foul

Glossary

σκεπάζω: to cover, shelter
σκέπη, ἡ: a covering, shelter, protection
σκληρός, -ή, -όν: hard
σκληρότης, -ητος, ἡ: hardness
σκοπέω: to look at, view
Σκύθης, -ου, ὁ: a Scythian
Σκυθικός, -ή, -όν: Scythian
σπλήν, ὁ: a spleen
στάσιμος, -ον: standing (water)
στόμα, -ατος, τό: the mouth
στόμαχος, ὁ: a mouth, opening, stomach
στρέφω: to turn
συγγραφή, ἡ: a written contract, bond
συγκαίω: to burn up, inflame, overheat
συμβάλλω: to throw together, lend, contribute
συμμίγνυμι: to mix together
σύμπηξις, -ιος, ἡ: coagulation
συμφέρω: to bring together, contribute, be useful
συνίστημι: to set together, combine, associate, unite
συστρέφω: to form together, compress
συχνός, -ή, -όν: long, much; (pl.) many, frequent
σφόδρα: very, much
σῶμα, -ατος, τό: a body

T τ

ταλαιπωρέω: to endure hard labor
ταλαιπωρία, ἡ: hard work, hardship
ταλαίπωρον, τό: suffering, hardiness
τάχιστα: very quickly
τε: and
τεκμήριον, τό: a sure sign, proof
τελευτάω: to complete, finish, accomplish
τέμνω: to cut
τεταρταῖος, -η, -ον: every four days, quartan (fever)
τέχνη, ἡ: art, skill, craft
τίθημι: to set, put, place
τίκτω: to bear children, give birth
τιμάω: to honor
τις, τι: someone, something (indefinite)
τοιοῦτος, -αύτη, -οῦτο: such as this
τόκος, ὁ: a bringing forth, childbirth, parturition

τοσοῦτος, -αύτη, -οῦτο: so large, so much
τότε: at that time, then
τρεῖς, τρία: three
τρέφω: to grow, bring up, rear; thicken or congeal
τρίβω: to rub
τυγχάνω: to hit, happen upon

Υ υ

ὑγιείη, ἡ: health, soundness
ὑγιεινός, -ή, -όν: sound, healthy
ὑγιηρός, -ή, -όν: healthy, wholesome
ὑγρός, -ή, -όν: wet, moist, fluid
ὑγρότης, -ατος, ἡ: wetness, moisture
ὑδαρής, -ές: watery, full of water
ὑδατεινός, -ή, -όν: watery, moist
ὕδρωψ, -ωπος, ὁ: dropsy
ὕδωρ, ὕδατος, τό: water
ὑπερβάλλω: to overshoot, surpass, exceed
ὑπό: from under, by (+ gen.); under (+ dat.); toward (+ acc.)
ὑψηλός, -ή, -όν: high, lofty, high-raised

Φ φ

φάρμακον, τό: a drug, medicine
Φᾶσις, -ιος, ὁ: the river Phasis
φαῦλος, -η, -ον: low, bad
φέρομαι: to bear for oneself, to win
φέρω: to bear
φημί: to declare, say
φθίσις, -ιος, ἡ: a wasting away, consumption
φλέγμα, -ατος, τό: inflammation, phlegm (one of the four humors)
φλεγματίας, -ου, ὁ: phlegmatic
φλεγματώδης, -ες: inflammatory, full of phlegm
φλέψ, φλεβός, ἡ: a vein
φράζω: to point out, show, indicate
φυλάσσω: to keep watch, guard
φύσις, -ιος, ἡ: nature
φύω: to bring forth, produce, put forth

Χ χ

135

χαλεπός, -ή, -όν: hard to bear, painful,
    difficult
χειμερινός, -ή, -όν: of winter, in winter
χειμών, -ῶνος, ὁ: winter
χείρ, χειρός, ἡ: a hand
χιών, -όνος, ἡ: snow
χολώδης, -ες: bilious
χρέομαι: to use, enjoy (+ *dat.*)
χρή: it is necessary
χρήζω: to need, lack
χρῆμα, -ατος: a thing that one uses
χρηστός, -ή, -όν: useful, good, pleasant
χώρη, ἡ: a space, place, region
χωρίον, τό: a place district
χωρίς: separately, apart
ψιλός, -ή, -όν: bare, empty, naked
ψυχή, ἡ: soul, spirit, mind
ψῦχος, -εος, τό: cold
ψυχρός, -ή, -όν: cold, chill
ψυχρότης, -ητος, ἡ: coldness, cold

Ω ω

ὧδε: so, thus, in this way
ὦμος, ὁ: a shoulder
ὡραῖος, -η, -ον: timely, seasonable
ὥρη, ἡ: a period, season
ὡς: *adv.* as, so, how; *conj.* that, in order
    that, since; *prep.* to (+ *acc.*); as if, as (+
    part.); as ____ as possible (+
    superlative)
ὥστε: so that

NOTES:

NOTES:

NOTES:

NOTES:

NOTES:

NOTES:

NOTES:

NOTES: